Heinrich Schnepper

Die Namen der Schiffe und Schiffsteile im Altenglischen

Heinrich Schnepper

Die Namen der Schiffe und Schiffsteile im Altenglischen

ISBN/EAN: 9783954272006
Erscheinungsjahr: 2012
Erscheinungsort: Bremen, Deutschland

© maritimepress in Europäischer Hochschulverlag GmbH & Co. KG, Fahrenheitstr. 1, 28359 Bremen. Alle Rechte beim Verlag und bei den jeweiligen Lizenzgebern.

www.maritimepress.de | office@maritimepress.de

Bei diesem Titel handelt es sich um den Nachdruck eines historischen, lange vergriffenen Buches. Da elektronische Druckvorlagen für diese Titel nicht existieren, musste auf alte Vorlagen zurückgegriffen werden. Hieraus zwangsläufig resultierende Qualitätsverluste bitten wir zu entschuldigen.

Die Namen der Schiffe und Schiffsteile im Altenglischen.

Eine kulturgeschichtlich-etymologische Untersuchung.

Inaugural-Dissertation

zur Erlangung der Doktorwürde
der hohen philosophischen Fakultät
der Königl. Christian-Albrechts-Universität zu Kiel

vorgelegt von

Heinrich Schnepper

aus Wickede bei Dortmund.

Kiel 1908.
Druck von H. Fiencke.

Meinen lieben Eltern.

Inhaltsverzeichnis.

	seite
Übersicht	VI
Literaturverzeichnis	VII
Erklärung der wichtigsten Abkürzungen	XVI

A. Kulturgeschichtlicher Teil.

Das Schiffswesen der Angelsachsen 1
    I. Entwicklung des Schiffbaus im nördlichen Europa bis zur Besiedelung Britanniens durch die Angelsachsen 2
    II. Die Schiffe der germanischen Bewohner Britanniens in altenglischer Zeit 10
        1. Die Schiffe 18
        2. Die Schiffsteile.
            a. Der Rumpf 21
            b. Die Ausrüstung 23

B. Sprachlicher Teil.

    I. Die Namen der Schiffe 29
    II. Die Namen der Schiffsteile.
        1. Der Rumpf 53
        2. Das Rudergeschirr 64
        3. Die Takelung 73
        4. Das Ankergeschirr 81

Anhang.

Poetische Ausdrücke 84

Übersicht.

	seite		seite
æsc	18, 37	lecþa	23, 64
ancor	28, 81	līd, lið	21, 52
ār	23, 64	mǣrels	28, 82
barda, barða	20, 21, 45	mæst	24, 73
barþ	20, 21, 45	mĭdl	24, 67
bāt	18, 19, 21, 40	naca	18, 21, 38
bǣting	28, 83	pliht	23, 64
bile	61	punt	21, 47
bolca	23, 63	racca	25, 80
bord	23, 57	rēwet(t)	21, 48
botm	21, 53	rōðer	27, 68
bytme	21, 54	sceata	26, 78
cæle	22, 56	scegð	20, 44
ced	50	scilfe, scylfe	23, 61
ceol	19, 42	scip	18, 19, 29
cnĕar	20, 21, 46	segl	25, 74
cræft	21, 47	snacc	18, 36
cuopel	15, 21, 49	stæg	25, 79
dulmun	18, 36	stæpe	25
emfar	50	stæþ	25, 79
fær	21, 49	steding-līne	25, 79
fleot	21, 51	stefn, stefna	21, 54, 55
flōr	23, 62	steor	27, 70
flota	21, 51	strop	24, 67
flȳte	21, 51	trog	21, 46
fōt-rāp	26	þel(l)	22, 23, 60
hā	24, 67	þofte	24, 68
hamele	24, 66	þol, þolle	24, 66
helma	27, 71	þurruc	21, 23, 48
hulc	19, 43	wǣd	80
hūn	25, 74	wrang, wranga	23, 63

Literaturverzeichnis.

I. Quellen.

Aelf. Tod = Gefangennahme und Tod Aelfreds. Bibl. Poes. I: 384.

Aelfc. Gr. Gl. = Aelfrics Grammatik und Glossar, ed. Julius Zupitza. Sammlung englischer Denkmäler, bd. I. Berlin 1880. (Das Glossar ist identisch mit dem bei WW., p. 304 ff., 536 ff. abgedruckten vocabular).

Aedelst. = Adelstäns Sieg bei Brunnanburh. Bibl. Poes. I: 374. Kluges Ags. Lesebuch: 128.

Ags. Lesebuch mit Glossar von Fr. Kluge, 3. aufl., Halle 1902.

Ald. laud. virg. = Aldhelms De laudibus virginitatis. O E Gl.

Alfw. = Will of Alfwold, bishop of Crediton, N S Ch., p. 23.

Angl. = Anglia, Zs. f. engl. Philologie.

An. = Andreas. Bibl. Poes. II: 1 ff. Ed. G. Ph. Krapp, Boston 1906.

B. = Beowulf, ed. F. Holthausen, Heidelberg 1905.

Bd. = König Alfreds Übersetzung von Bedas Kirchengeschichte, ed. J. Schipper. Bibl. Pros. IV.

Bibl. Poes. = Bibliothek der ags. Poesie, begründet Ch. W. M. Grein, neubearbeitet von R. P. Wülker, 3 bde. Kassel 1881 ff.

Bibl. Pros. = Bibliothek der ags. Prosa, begründet von Grein, fortgesetzt von Wülker. 6 bde. 1872 ff.

Blickl. Homl. = The Blickling Homilies of the tenth cent. (971), ed. R. Morris. E E T S, bde 58, 63, 67.

VIII

B o. = Botschaft des Gemahls. Bibl. Poes. I: 306 ff.
B t. = King Alfred's Old English Version of Boetius, ed. W. J. Sedgefield. Oxford 1899.
B y. = Byrhtnōth's Tod. Bibl. Poes. I: 358 ff.
C a r t. S a x. B. = Cartularium Saxonicum, ed. W. de Gray-Birch. 3 bde. London 1885—93.
C h r. = Two of the Saxon Chronicles parallel with supplementary extracts from the others, ed. Ch. Plummer on the basis of an edition by J. Earle, 2 bde. Oxford 1892.
C o d. D i p. K e m b l e = Codex Diplomaticus aevi Saxonici, ed. J. M. Kemble, London 1839—48, 6 bde.
C o r p. G l. = Corpus Glossen. O E T., p. 35 ff. (Dasselbe in WW. 1—54).
C r æ. = Bi monna cræftum. Bibl. Poes. III: 140 ff.
C r i. = Cynewulfs Christ. Bibl. Poes. II: 476 ff. Ed. A. S. Cook. Boston 1900.
D e u t. = Aelfrics Deuteronomium. Bibl. Pros. I: 25 ff.
D i p. A n g l. T h. = Diplomatarium Anglicum aevi Saxonici, ed. B. Thorpe. London 1865.
E l. = Cynewulfs Elene, ed. Holthausen. Heidelberg 1905.
E p. E r f. G l. = Epinaler und Erfurter Glossar. O E T., p. 36 ff.
E x. = Aelfrics Exodus, Bibl. Pros. I: 110 ff.
E x o d. = Exodus, Bibl. Poes. II: 445 ff. Ed. F. A. Blackburn, Boston und London 1907.
G e n. = Genesis. Bibl. Poes. II: 318 ff.
G e n e s. = Aelfrics Genesis. Bibl. Pros. I: 25 ff.
G e r m. = Die Bouloneser ags. Glossen zu Prudentius. Herausgegeb. von Holder. Germania bd. XI (neue folge).
G e s. = Gesetze der Ags., ed. F. Liebermann. Erster bd. Text und Übersetzung. Halle 1903. Zweiter bd. Erste Hälfte: Wörterbuch. 1906.
G n. E x. = Denksprüche aus der Exeterhandschrift. Bibl. Poes. I: 341.
G o s p: = The Gospels according to St. Matthew etc. (Mt., Mk., Lk., In.) in Anglo-Saxon and Northumbrian versions synoptically arranged by W. W. Skeat. Cambridge 1871—87.
G u. = Gūdlāc. Bibl. Poes. III: 55 ff.

IX

Hom l. S k t. = Aelfrics Heiligenleben (Lives of Saints), ed. W. W. Skeat. EETS. O. S. 76, 82, 94, 114.
Hom l. T h. = The Homilies of Aelfric, ed. Benj. Thorpe, 2 bde. London 1843—46.
H p t. G l. = Haupt Glossar in Zs. fda. bd. IX, 401—530; ed. Bouterwek.
H y. = Hymnen und Gebete. Bibl. Poes. II: 211 ff.
Hymn. Surt. = Anglo-Saxon Hymnarium, ed. J. Stevenson, Surtees Society, bd. XXIII. 1851.
In. S k t. = The Gospel according to St. John. Gosp. IV.
J u d. = Judith. Bibl. Poes. II: 294.
J u l. = Cynewulfs Juliana. Bibl. Poes. III: 117 ff. Ed. W. Strunk. Boston and London 1904.
L c h d m. = Leechdoms, wortcunning and starcraft of early England, ed. O. Cockayne, 3 bde. London 1864—66.
L k. S k t. = The Gospel according to St. Luke. Gosp. III.
L y e = Dictionarium Saxonico- et Gothico-Latinum. Auctore Eduardo Lye. Edidit Owen Manning. London 1772.
M. = Menologium seu Calendarium Poeticum ex Hickesiano Thesauro, ed. Fox. London 1830 (= Bibl. Poes. II: 282).
Mart. H = An Old English Martyrology, ed. by George Herzfeld (EETS. 116; 1900).
Met. = Metra des Boetius. Bibl. Poes. III: 247 ff. Bonner Beiträge VIII (ed. Krämer).
M ō d. = Bi manna mōde. Bibl. Poes. III: 144.
M t. S k t. = The Gospel according to St. Matthew. Gosp. I.
Nar. = Narratiunculae anglice conscriptae, ed. Cockayne. London 1861.
N S Ch. = The Crawford Charters, ed. A. S. Napier u. W. H. Stevenson. Anecd. Ser. 1895.
O E Gl. = Old English Glosses, ed. A. S. Napier. Anecdota Oxoniensia. 1900.
O E T. = The oldest English Texts, ed. H. Sweet. London 1858. (Urk. = 7—9 cent. Charters ib., p. 421 ff.).
Ors. Swt. = King Alfred's Orosius Translation, ed. H. Sweet. EETS. 79.
P s. = Psalmen. Bibl. Poes. III: 183 ff.

Rä. = Die Rätsel des Codex Exoniensis. Bibl. Poes. III: 183 ff.
Reim. = Reimlied. Bibl. Poes. III: 156 ff.
Run. = Runenlied. Bibl. Poes. I: 331 ff.; Kluge, Ags. Lesebuch: 152.
Sal. = Salomo und Saturn. Bibl. Poes. III: 304 ff.
Sat. = Christ und Satan. Bibl. Poes. II: 521 ff.
Seef. = Seefahrer. Bibl. Poes. I: 290 ff.
Shrn. = 'the Shrine', a collection of occasional papers on dry subjects, ed. Cockayne. London 1864—69.
Solil. = King Alfred's Old English Version of St. Augustine's Soliloquies, ed. by H. L. Hargrove. New York 1902.
St. And. = Anglo-Saxon Legends of St. Andrew and St. Veronica, Cambridge Antiquarian Society. Cambridge 1851.
Wy. = Bi manna wyrde. Bibl. Poes. III: 148 ff.
Wal. = Der Walfisch. Bibl. Poes. III: 167.
WW. = Anglo-Saxon and Old English Vocabularies by Th. Wright, sec. ed. by R. P. Wülker. 2 bde. London 1884.

II. Hülfsmittel.

Anglia, Zs. für englische Philologie, herausgeg. von R. P. Wülker, E. Flügel, G. Schirmer und E. Einenkel. Halle 1878 ff.
Archiv für das Studium der neueren Sprachen und Literaturen, herausgeg. von L. Herrig, dann von A. Tobler und J. Zupitza, jetzt von A. Brandl und A. Tobler. Braunschweig 1846 ff.
Arenhold, Die historische Entwicklung der Schiffstypen. Kiel 1891.
BB. = Beiträge zur Kunde der indogermanischen Sprachen, herausgeg. von A. Bezzenberger. Göttingen 1877 ff.
Berneker, Slavisches etymolog. Wörterbuch, Heidelberg 1908f.
— Die preußische Sprache. Straßburg 1896.
Björkman, Skandinavian Loanwords in Middle English, Part I. Halle 1900.
— Zur dialektischen Provenienz der nordischen Lehnwörter im Englischen. Transactions of the Phil. Soc. of Upsala. 1897—1900.
Böhmer G. H., Prehistoric Naval Architecture of the North of Europe. Washington 1893.

Boisacq, Dictionnaire étymologique de la langue grecque. Heidelberg und Leipzig 1907 f.
Braune, Ahd. Grammatik, 2. aufl. Halle 1891.
Breusing, Die Nautik der Alten. Bremen 1886.
ten Brink, Geschichte der englischen Literatur, bd. I. 2. aufl., Straßburg 1899.
Brugmann, Grundriß der vergleichenden Grammatik der idg. Sprachen, bd. I: Lautlehre. 2. Bearbeitung. Straßburg 1897.
B.-T. = Bosworth-Toller, Anglo-Saxon Dictionary. Oxford 1882 —1898. Hierzu: Supplement by T. Northcote Toller, Part I. (A. — Eorþ). Oxford 1908.
Bülbring, Altenglisches Elementarbuch, I. Teil: Lautlehre. Heidelberg 1902.
Davidsen, Norweg.-Dänisch. etymologisches Wörterbuch von H. S. Falk und Alf Torp: Deutsche Bearbeitung. Heidelberg 1907 f.
Diez, Etymologisches Wörterbuch der romanischen Sprachen, 5. ausgabe. Bonn 1887.
ten Doornkaat Koolman, Wörterbuch der ostfriesischen Sprache, 3 bde. Norden 1879—84.
Du Cange, Glossarium mediae et infimae latinitatis, ed. G. A. L. Henschel, ed. nova a Leopold Favre.
E St. = Englische Studien, hgg. erst von E. Kölbing, seit 1899 von J. Hoops. Leipzig 1877 ff.
Falk og Torp, Etymologisk Ordbog over det norske og det danske Sprog, 2 bde. Kristiania 1903—06.
Fick, Vergleichendes Wörterbuch der indogermanischen Sprachen, 4. aufl. Göttingen 1890.
Förstemann, Altdeutsches Namenbuch, 2. aufl. Bonn 1900.
Franck, Etymologisch Woordenboek der nederlandsche taal, s'Gravenhage 1884.
Fritzner, J., Ordbog over det gamle Nordske Sprog. Kistiania 1886 ff.
Georges, Ausführliches latein.-deutsches Handwörterbuch, 7.aufl. 2 bde. Leipzig 1879—80.
Godefroy, Dictionnaire de l'ancienne langue française du IXe au XVe siècle. Paris 1880 f.

Gödel, Etymologisches Wörterbuch der deutschen Seemannssprache. Kiel 1902.
Grein, Sprachschatz der angelsächs. Dichter. Kassel und Göttingen 1861; 1864.
Grimm, Geschichte der deutschen Sprache, 2 aufl. Leipzig 1853.
— D. Wb., = Deutsches Wörterbuch von Jac. und W. Grimm. Leipzig 1854 ff.
Gudmundsson, Nordboernes Skibe i Vikinge- og Sagatiden. Kjóbenhavn 1900.
Gudmundson und Kålund, Skandinavische Verhältnisse, Ps. Grdr.² III: 407 ff.
Hehn, Kulturpflanzen und Haustiere, 7. aufl. Hgg. von O. Schrader. Berlin 1902.
Holder, Altceltischer Sprachschatz, 2 bde. Leipzig 1896 und 1904.
Heyne. Siehe Stenzel.
I F. = Indogermanische Forschungen. Straßburg 1892 ff.
Journal of Germanic Philology, ed. by G. E. Karsten. 1897 ff.
Keller, The Anglo-Saxon Weapon Names. Heidelberg 1906 (cf. Holthausen, Beiblatt zur Anglia XVIII: 65 f.
Kluge, Etymologisches Wörterbuch der deutschen Sprache, 6. aufl. Straßburg 1899.
— Geschichte der englischen Sprache, Ps. Grdr²: 926 ff.
— Nominale Stammbildungslehre der germ. Dialekte. Halle 1899.
— Seemannssprache, 1. lieferung. Halle 1908.
Kluge-Lutz, English Etymology. Straßburg 1898.
Körting, Latein.-roman. Wörterbuch, 3. aufl. Paderborn 1907.
Kurschat, Wörterbuch der littauischen Sprache, 2. teil, Halle 1883.
K Zs. = Zeitschrift für vergleichende Sprachforschung. Herausgeg. von A. Kuhn. Berlin und Gütersloh.
Leid. = Das Leidener Glossar von P. Glogger, Progr. d. Königl. humanist. Gymnasiums St. Stephan. Augsburg 1901.
Leo, Ags. Glossar. Halle 1872.
Lexer, Mittelhochdeutsches Wörterbuch, 3 bde. Leipzig 1872—1878.

Lidén, Armenische Studien. Göteborgs Högskolas Årskrift 1905.
— Studien zur altindischen und vergleichenden Sprachgeschichte, Upsala. Leipzig 1900.
Luebeck, Das Seewesen der Griechen und Römer. Hamburg 1890.
Miklosich, Etymologisches Wörterbuch der slavischen Sprachen. Wien 1886.
M L N. = Modern Language Notes. Herausgeg. von A. Marshall Elliott. Baltimore.
Montelius, Kulturgeschichte Schwedens. Leipzig 1906.
Morsbach, Mittelenglische Grammatik. Erste lieferg. Halle 1906.
Müller S., Nordische Altertumskunde. Deutsche Ausgabe von Jiriczek. Straßburg 1897—98, 2 bde.
Muret-Sanders, Encyklopädisches englisch-deutsches und deutsch-englisches Wörterbuch. Berlin 1900.
Napier, Contributions to old English Lexicography, 1906.
N E D. = Murray I., A New English Dictionary on historical principles. Oxford 1888 f.
Noreen, Abriß der urgermanischen Lautlehre. Straßburg 1894.
Osthoff, Etymologische Parerga. I. teil. Leipzig 1901.
Oudemans, Middel- en oudnederlandsch Woordenboek, 7 bde. Arnhem 1870—80.
P B B. = Beiträge zur Geschichte der deutschen Sprache und Literatur, bd. 1—15 herausgeg. von Paul und Braune, bd. 16 f. von Sievers. Halle.
Persson, Studien zur Lehre von der Wurzelerweiterung und Wurzelvariation; Upsala, Universitets Årsskrift 1891.
Pogatscher, Zur Lautlehre der griechischen, lateinischen und romanischen Lehnworte im Altenglischen. Straßburg 1888.
Prellwitz, Etymologisches Wörterbuch der griechischen Sprache[2]. Göttingen 1905.
Ps. Grdr. = Pauls Grundriß der germanischen Philologie, 2. aufl. Straßburg 1901.
Richthofen, Altfriesisches Wörterbuch. Göttingen 1840.
Saggau, Die Benennungen der Schiffsteile und Schiffsgeräte im Neufranzösischen. Diss. Kiel 1905.

Schade, Altdeutsches Wörterbuch, 2. aufl., Halle 1872—82.
Scheman, Die Synonyma im Beowulfliede. Diss., Münster 1882.
Schiller-Lübben, Mittelniederdeutsches Wörterbuch, 6 bde. Bremen 1875—81.
Schrader O., Die Deutschen und das Meer. Zs. des allgemeinen deutschen Sprachvereins. Wissenschaftliche Beihefte 1896.
— Linguistisch-historische Forschungen zur Handelsgeschichte und Warenkunde, I. teil. Jena 1886.
— Reallexikon der indogermanischen Altertumskunde. Straßburg 1901.
Schultz A., Das höfische Leben zur Zeit der Minnesänger, 2 bde. Leipzig 1880.
Sicherer en Akveld, Nederlandsch-Hoogduitsch Woordenboek, 2. teil. Amsterdam 1886.
Sievers, Angelsächsische Grammatik, 3. aufl. Halle 1898.
Skeat, An Etymological Dictionary of the English Language. Oxford 1888.
— A concise etymological dictionary of the English language. Oxförd. A new Edition 1900.
Stenzel, Deutsches seemännisches Wörterbuch, Berlin 04. (Die etymologie ist von M. Heyne behandelt).
Steinmeyer und Sievers, Die althochdeutschen Glossen, 4 bde. Berlin 1879.
Stokes, Urkeltischer Sprachschatz. (Teil II des von Fick herausgeg. Wörterbuches). Göttingen 1894.
Thomsen, Über den Einfluß der germanischen Sprachen auf die finnisch-lappischen. Eine sprachgeschichtl. Untersuchung aus dem Dänischen übersetzt von E. Sievers. Halle 1870.
Torr, Ancient Ships. Cambridge 1894.
Uhlenbeck, Kurzgefaßtes etymologisches Wörterbuch der altindischen Sprache. Amsterdam 1898.
— Kurzgefaßtes etymologisches Wörterbuch der gotischen Sprache, 2. aufl. Amsterdam 1900.
Vigfusson, Icel.-Engl. Dict. = An Icelandic English Dictio-

nary by R. Cleasby, enlarged and completed by G. Vigfusson. Oxford 1874.
Wackernagel, Kleinere Schriften, bd. I. Leipzig 1872.
Walde, Etymologisches lateinisches Wörterbuch. Heidelberg 1906.
Weigand, Deutsches Wörterbuch, 5. aufl. Gießen 1907 ff.
Woeste, Wörterbuch der westfälischen Mundart. Norden und Leipzig 1882.
Wright, The English Dialect Dictionary. Oxford 1898 ff.
Worsaae, Zur Altertumskunde des Nordens. Leipzig 1847.
Zupitza E., Die germanischen Gutturale. Berlin 1896.
Zs. f. deutsche Wortforschung. Herausgeg. von F. Kluge.
Zs. fda. = Zeitschrift für deutsches Altertum. Herausgeg. von Haupt, Müllenhoff, Steinmeyer, Schröder und G. Roethe. Leipzig 1841—53, Berlin 1856 ff.
Sonstige nur für einzelheiten benutzte bücher und zeitschriften werden an der betreffenden stelle citiert.

Erklärung der wichtigsten abkürzungen.

abulg.	= altbulgarisch.	lat.	= lateinisch.
ae.	= altenglisch.	lett.	= lettisch.
afr(s).	= altfriesisch.	lit.	= litauisch.
afrz.	= altfranzösisch.	md.	= mitteldeutsch.
ags.	= angelsächsisch.	me.	= mittelenglisch.
ahd.	= althochdeutsch.	mhd.	= mittelhochdeutsch.
ai.	= altindisch.	mnd.	= mittelniederdeutsch.
alb.	= albanesisch.	mnl.	= mittelniederländisch.
altp.	= altpersisch.	ndd.	= niederdeutsch.
an.	= altnordisch.	ndl.	= niederländisch.
arm.	= armenisch.	ne.	= neuenglisch.
as.	= altsächsisch.	nfrz.	= neufranzösisch.
aslav.	= altslavisch.	nnd.	= neuniederdeutsch.
av.	= avestisch.	nndl.	= neuniederländisch.
awskand.	= altwestskandinavisch.	north.	= northumbrisch.
bret.	= bretonisch.	norw.	= norwegisch.
cymr.	= cymrisch.	ostfr(s).	= ostfriesisch.
dän.	= dänisch.	port, ptg.	= portugiesisch.
dem.	= deminutiv.	preuss.	= preussisch.
dial.	= dialektisch.	roman.	= romanisch.
finn.-lapp.	= finnisch-lappisch.	russ.	= russisch.
frz.	= französisch.	skrt.	= sanskrit.
got.	= gotisch.	span.	= spanisch.
gr.	= griechisch.	schwed.	= schwedisch.
holl.	= holländisch.	sb.	= substantiv.
idg.	= indogermanisch.	vb.	= verbum.
ir.	= irisch.	vdial.	= volksdialektisch.
it.	= italisch.	wgerm.	= westgermanisch.
kymr.	= kymrisch.	wz.	= wurzel.

A. Kulturgeschichtlicher Teil.

Das Schiffswesen der Angelsachsen.

þǣr ic ne gehȳrde būtan hlimman sǣ,
īscaldne wǣg, hwīlum ylfete song:
dyde ic mē tō gomene ganetes hleoþor
and huilpan swēg fore hlĕahtor wera,
mǣw singende fore medodrincende.
(Seef. 18—22).

Es ist eine denkwürdige tatsache, daß bereits die älteste uns überlieferte englische literatur von einer lebendigen anschauung der see und des seelebens durchzogen wird. Schon im Beowulfliede finden wir eine reiche terminologie der nautik entwickelt, die auf eine alte, in die urgermanische zeit zurückreichende, schiffstechnik hinweist. Einen einblick in diese epoche erhalten wir durch die ermittelung des wortschatzes, welcher allen germanischen sprachen, den skandinavischen wie den westgermanischen, gemeinsam ist, durch die bodenaltertümer, welche in den alten sitzen der germanischen völker zu tage gekommen sind, und endlich durch die nachrichten, welche uns die Römer über die zustände hinterlassen haben, in denen sie unsere vorfahren fanden.[1]

---

[1] Cf. Schrader, Die Deutschen u. das Meer, p. 2 ff.

I. Entwicklung des Schiffbaus im nördlichen Europa bis zur Besiedelung Britanniens durch die Angelsachsen.

cf. Boehmer, Prehistoric Naval Architecture. Müller, Nordische Altertumskunde.

Die wiege jeder seefahrt ist die küstenfahrt. Zu anfang wird alle seefahrt längs der küste geschehen sein. Nur wo das meer tiefer in das land einschnitt, kürzte man den umweg von einem ufer zum andern ab, und wo eine insel in absehbarer ferne herüberwinkte, wagte man die überfahrt. Der weite unbegrenzte Ocean hat noch kein volk zu seefahrern gemacht, ein binnenmeer aber mit eilanden und halbinseln ist wie geschaffen, den übergang von der küsten- zur seefahrt zu vermitteln.[1]

Darum ist es begreiflich, daß sich gerade an zwei stellen unseres kontinents, einmal im süden, das andere mal im norden eine ausgedehnte schiffahrt bereits in früher zeit entwickelte.

Es ist klar, daß im bereiche der Nord- und Ostsee, von denen namentlich die westliche Ostsee durch reiche gliederung ihrer küste und durch vorgelagerte inseln als eine übungsschule in der schiffahrt gelten darf, die Germanen bereits in jener prähistorischen periode zu seefahrern erzogen wurden, die es bald verstanden, den schwankenden kiel sicher durch die tosenden fluten zu steuern.

Als die ältesten stummen zeugen einer frühen prähistorischen periode nördlicher schiffbaukunst lassen sich die darstellungen in schwedischen und norwegischen felsenzeichnungen ansehen. Unter den felsenbildern, den sogenannten Hällristningar, welche sich hauptsächlich an der küste von Trondhjem bis Gotland zeigen und nach dem urteil der zuverlässigsten forscher der nordischen bronzezeit angehören,[2] finden wir die ältesten darstellungen hochnordischer schiffe. Die größe der einzelnen bilder ist in der regel nicht sehr bedeutend; so sind die menschlichen figuren meistens nur 40—50 cm hoch und die schiffsbilder 50—150 cm lang. Nur ausnahmsweise trifft man größere bilder, menschliche figuren, die bis 2,50 m hoch sind, und schiffe von ähnlicher länge.

Zuweilen erblickt man auf den schiffsbildern menschliche

---

[1] Cf Breusing. Nautik der Alten, p. 1.
[2] s. Müller, Nord. Altertumskunde I, p. 466 und 67 anm.

figuren mit waffen in den händen;[1] es waren also kriegsschiffe. Da es indessen schwer war, in den harten felsen eine menge solcher kleinen menschlichen figuren abzubilden, begnügte man sich gewöhnlich damit, die personen der besatzung nur durch senkrechte striche anzudeuten.[2] Mitunter ist die zahl dieser striche eine recht große, bis zu dreißig und mehr, woraus hervorgeht, daß die fahrzeuge schon eine ansehnliche größe hatten.[3]

Solche schiffe finden sich auch in sorgfältiger ausführung auf messern der früheren bronzezeit, sodaß man sich eine ziemlich deutliche vorstellung von ihrer eigentümlichen form machen kann. Die meisten der abgebildeten fahrzeuge sind ornamental behandelt,[4] nur wenige sind ganz realistisch wiedergegeben. Einige der letzteren zeigen uns alle charakteristischen linien in voller deutlichkeit (abb. 237 u. 238). Beide steven steigen hoch auf; unter dem hintersteven ragt der kiel kurz hervor, und unter dem vordersteven läuft er in einer langen spitze aufwärts. Ausnahmsweise sind in dem einen der beiden bilder (abb. 238) auch spanten in den rumpf gelegt. Hervorzuheben ist noch, daß sich in abb. 237 eine darstellung von mast und segel findet, was im allgemeinen selten vorkommt, und daß hier ebenso wie in abb. 125 und 220 vorder- und achtersteven tierköpfe tragen.[5]

Man hat gefunden, daß diese nordischen schiffsbilder den ältesten bekannten fahrzeugen des klassischen altertums genau entsprechen. Die übereinstimmungen sind freilich nur ganz allgemeine, sie gehen nie ins speziellere. Sowohl im norden wie im süden wurde das schiff unzweifelhaft hauptsächlich durch ruder getrieben. Daneben konnte in der mitte des schiffes ein einzelner mast aufgestellt werden, der das einzige große segel trug. Die steven liefen hoch und gebogen aus und endigten zuweilen scheinbar in tierköpfen. Doch kann trotz dieser übereinstimmungen von einer unmittelbaren nachahmung nicht die

---

[1] Müller, Nord. Altertumskunde I, abb. 248.
[2] Montelius, Kulturgesch. Schwedens, fig. 219.
[3] cf. Montelius. Kulturgesch. Schwedens, p. 125 ff.
[4] s. Müller, Nord. Altertumskunde I, abb. 125 u. 220.
[5] Die oben erwähnten abb. finden sich sämtlich in Müllers »Nord. Altertumskunde.«

rede sein, da die nordischen schiffe ein ganz besonderes charakteristikum zeigen: den weit vorschießenden kiel unter dem vordersteven, der bei allen klassischen modellen fehlt. Die kultur der nordischen bronzezeit war eben ein teil der gesamteuropäischen kultur, deren centrum damals in den ländern um das östliche Mittelmeer lag.[1])

Die erste geschichtliche nachricht über die schiffe der nordseeanwohner findet sich in Caesars erzählung von seinem seekriege gegen die gallischen Veneter im jahre 54 v. Ch. Die stelle lautet:[2])

»Namque ipsorum naves ad hunc modum factae armataeque erant: carinae aliquanto planiores quam nostrarum navium, quo facilius vada ac decessum aestus excipere possent; prorae admodum erectae atque item puppes, ad magnitudinem fluctuum tempestatumque accomodatae; naves totae factae ex robore ad quamvis vim et contumeliam perferendam; transtra ex pedalibus in altitudinem trabibus, confixa clavis ferreis digiti pollicis crassitudine; ancorae pro funibus ferreis catenis revinctae; pelles pro velis alutaeque tenuiter confectae, sive propter lini inopiam atque eius usus inscientiam, sive eo, quod est magis veri simile, quod tantas tempestates Oceani tantosque impetus ventorum sustineri ac tanta onera navium regi velis non satis commode posse arbitrabantur.

Cum his navibus nostrae classi eius modi congressus erat, ut una celeritate et pulsu remorum praestaret, reliqua pro loci natura, pro vi tempestatum illis essent aptiora et accommodatiora. Neque enim iis nostrae rostro nocere poterant (tanta in iis erat firmitudo), neque propter altitudinem facile telum adigebatur, et eadem de causa minus commode copulis continebantur. Accedebat, ut, cum saevire ventus coepisset et se vento dedissent, et tempestatem ferrent facilius et in vadis consisterent tutius et ab aestu relictae nihil saxa et cautes timerent; quarum rerum omnium nostris navibus casus erat extimescendus.«

Eine ins einzelne gehende vorstellung erhalten wir aus dieser schilderung nicht. Die schiffe der feinde werden gemessen an

---

[1]) Cf. Müller, Nord. Altertumskunde I, p. 445 f.
[2]) Caesar, de Bello Gallico III, c. 13.

denen der Römer; freilich nicht gerade zum schaden der ersteren. Die von Caesar während seines feldzuges nach Britannien verwendeten schiffe gehörten zu den naves actuariae,[1]) einem schiffstyp von großer schnelligkeit,[2]) etwa vergleichbar den fahrzeugen der piraten.[3]) Ihre fortbewegung geschah durch ruder; daneben wurden bei günstigem winde auch segel benutzt.[4]) Der begriff actuaria scheint übrigens eine kollektivbezeichnung für alle möglichen kleinen schiffe gewesen zu sein.[5]) Nach Torr läßt sich mit bestimmtheit annehmen, daß sie nicht zu den lastschiffen[6]) und ebensowenig zu den kriegsschiffen[7]) der damaligen zeit zu stellen sind.

Caesar beschreibt die schiffe der Veneter als »naves totae factae ex robore«. Diese worte sind zu allgemein gehalten, als daß sie für die bauart jener fahrzeuge nähere schlüsse zuließen. Doch ist wohl anzunehmen, daß sie ähnlicher art gewesen sind wie diejenigen der Nordalbinger, die etwa sechzig jahre später ein anderer Römer[8]) genauer bezeichnet als »cavatum, ut illis mos est, ex materia.« Ausdrücklich berichtet auch Plinius,[9]) daß die germanischen seeräuber »singulis arboribus cavatis« ihre seefahrten machten, und daß einige derselben dreißig menschen trügen. Die germanischen

---

[1]) E. Luebeck, Das Seewesen der Griechen und Römer, Hamburg 1890.

[2]) Nach Nonius XIII, 9 »naviculae celeres, dictae quod cito agi possint.«

[3]) Sall. hist., lib. II »pauca piratica actuaria navigia«.

[4]) Isidor Orig., XIX 1 »actuariae naves sunt, quae velis simul aguntur et remis«.

[5]) s. Torr, Ancient Ships, p. 105.

[6]) Sisenna: Histor., lib. III (Nonius, XIII, 8) »Quibus occisis actuarias ad viginti navis, item complures onerarias incendunt«.

[7]) Caesar, De Bell. Gall. V, 2: »Eo cum venisset, circumitis omnibus hibernis singulari militum studio in summa omnium rerum inopia circiter sescentas eius generis, cuius supra demonstravimus, naves et longas duodetriginta invenit instructas neque multum abesse ab eo, quin paucis diebus deduci possint«. Die worte »supra demonstravimus« beziehen sich auf V, 1: »ad onera ac multitudinem iumentorum transportandum paulo latiores, quam quibus in reliquis utimur maribus. Has omnes actuarias imperat fieri, quam ad rem multum humilitas adiuvat«.

[8]) Vellejus Paterculus, der um 5 n. Ch. unter Tiberius als präfekt der reiterei im römischen heere diente, Historiae romanae II, C. 107.

[9]) Hist. nat. XVI, 203.

schiffe jener zeit waren also ausgehöhlte baumstämme, einbäume oder 'dug-outs'. Wirklich sind solche einbäume, zum teil von gewaltigen dimensionen, im umkreise der Nordsee wiederholt gefunden worden, wodurch die überlieferungen der Römer eine erwünschte bestätigung erfahren.

Auf einer primitiven stufe der schiffsbaukunst steht noch das im Süddithmarschen gefundene boot,[1]) das sich im museum zu Kiel befindet. Es ist ein einfacher holztrog von 11 fuß länge, 2 fuß breite und 1 fuß tiefe, welcher aus einem einzigen eichenstamme ausgehöhlt ist.

Ein kleiner schritt vorwärts ist bereits bei den in den jahren 1885—89 an der Weser in der nähe von Bremen gefundenen sieben kanoes zu konstatieren. Sie sind augenscheinlich mit äxten aus eichenstämmen ausgehauen. Noch fehlt ihnen zwar der kiel, aber der bug schneidet bereits schräg nach unten ab, und die seitenwände sind mit löchern zur aufnahme der ruder versehen. Von den gefundenen sieben booten wurden vier gänzlich zerstört; die dimensionen der übrigen drei sind: 10,5 m länge zu 0,75 m breite; 10 m länge zu 1,25 m breite; 8 m länge zu 1,20 m breite. Die höhe beträgt etwa 50—70 cm.

Blicken wir weiter auf die zeiten, in denen die Germanen auf der ganzen front aus angegriffenen zu angreifern werden, so erblicken wir überall dasselbe geschlecht verwegener, trotziger, beutelustiger eschenfahrer.[2]) Die ersten ansätze einer specifisch schiffstechnischen entwicklung werden sichtbar. Der kampf gegen den ansturm der wogen des offenen meeres drückt den fahrzeugen dieser epoche sein charakteristisches gepräge auf. Die einfachen einbäume mit glatten seitenwänden und flachem boden waren nicht stark genug, um dem anprall der wasser trotz bieten zu können. Man war bei höher entwickelten völkern in die schule gegangen und hatte gelernt, den bordwänden durch einbauen von spanten mehr festigkeit zu verleihen; der flache boden wurde aufgegeben, statt seiner begegnet zum ersten male ein — allerdings nicht sehr scharf herausgearbeiteter — kiel.

---

[1]) Archiv der Schleswig-Holstein-Lauenburg. Gesellsch. für vaterl. Gesch., bd. XXIII. 4. folge. — Jahrbücher f. d. Landeskunde, bd. XII. — Zs. d. Gesellsch. f. d. Gesch. d. Herzogt. Schleswig-Holstein-Lauenburg, bd. II 1872.

[2]) Schrader, Die Deutschen und das Meer, p. 7.

Diesen typus repräsentieren verschiedene funde, so das im Vaaler Moor in Holstein und das bei Brigg in Lincolnshire (England) entdeckte prähistorische schiff.

Das Vaaler Moor-boot[1]) mißt 12,28 m in der länge bei einer breite von 1,30 m an der weitesten stelle und einer höhe von 57 cm innen und 62 cm außen. Die plankenstärke beträgt am boden 5, an den bordrändern 4 cm. Das boot besaß 11 spanten, von denen 9 erhalten sind. Unter dem dollbord zwischen den spanten zeigen die wände 11 ausgemeißelte löcher zur aufnahme der ruder; vorder- und hintersteven haben scharfen zuschnitt. Ein kiel von 2 m länge ist vorn und hinten aus dem boden des bootes herausgearbeitet, während der mittlere teil flach ist.

Die gleiche form weist das in Brigg in England gefundene fahrzeug auf.[2])

Das boot ist hergestellt aus dem stamme einer eiche, die bis zu ihren ersten zweigen etwa 50 fuß gemessen haben muß. Es ist 48 fuß 8 zoll lang, 5 fuß weit und 2 fuß 9 zoll tief. Die weiteste stelle befindet sich am heck, wo der durchmesser 5 fuß 3 zoll beträgt; von dort aus bis zum bug, der 4 fuß 4 zoll aufweist, konvergieren die seitenflächen allmählich. Der gesammtinhalt des kanoes beläuft sich auf 700 cbfuß. Das vorderteil ist gerundet und zeigt oben eine höhlung[3]) wie zur aufnahme eines bugspriets, für das man ein in der nähe gefundenes gekrümmtes stück eichenholz gehalten hat.[4]) Da aber ein mast oder irgend etwas, was auf fortbeweguug mittels segel deuten könnte, fehlt, so ist diese annahme unhaltbar trotz der übereinstimmung in der dicke des entdeckten holzstückes und der weite der öffnung. Der boden ist vollkommen flach; doch hat man beim aushöhlen in bestimmten abständen eine art von querhölzern stehen lassen, welche im rechten winkel zu den seitenflächen verlaufen und zur erhöhung der festigkeit dienen. Vorder- und achtersteven sind außerdem durch größere dicke des holzes ausgezeichnet. Die

---

[1]) H. Handelmann, 35. Bericht zur Altertumskunde Schleswig-Holsteins, Kiel 1878.
[2]) s. Literaturangabe bei Boehmer, Nav. Arch. p. 537, anm. 4.
[3]) Boehmer, Nav. Arch. fig. 26.
[4]) ib. fig. 27.

seitenwände haben vollkommen senkrechten schnitt; am heck sind sie schräg einwärts nach unten zu abgehauen, so daß sie oben überspringende ecken bilden.[1]) Das hinterteil hat also keinen natürlichen abschluß. Statt eines solchen dient ein brett, das in eine die beiden inneren seitenflächen und den boden des fahrzeuges durchziehende rinne hineinpaßt.[2]) Die beiden vorschießenden ecken hinter diesem brett zeigen an ihrem äußersten ende je ein ausgemeißeltes loch, durch welches wahrscheinlich taue oder hölzer gelegt wurden, um die seitenwände gegen die kanten der eingelegten holzplanke zu pressen.[3])

Obgleich spuren eines decks nicht gefunden worden sind, ist es doch möglich, daß die leisten, die sich am bug und vor dem heck befinden, als stützen für decks oder sitze von geringer größe dienten.

Längs den seiten des schiffes, nahe dem oberen ende, sind in bestimmten abständen höhlungen von elliptischer form vorhanden, welche, da sie sich im mittleren teile des bootes befinden, trotz ihrer geringen größe wahrscheinlich für die ruder gedient haben. Man hat allerdings auch vermutet, daß sie dem gleichen zwecke wie die oben erwähnten höhlungen in den vorspringenden ecken der hinteren seitenwände gedient hätten, nämlich zur aufnahme von querbändern zur verhinderung einer verschiebung der oberen seitenwände, oder von fußstöcken für die ruderer. Es ist klar, daß bei einem solchen verfahren die seiten des bootes dem anprall der wogen viel besser zu widerstehen vermochten; doch mangels irgend eines zeichens, das auf fortbewegung des bootes vermittelst segel schließen ließe, ist die annahme sehr berechtigt, daß die höhlungen als stützen für die ruder dienten, umsomehr, da dies aus den übrigen schiffsfunden ähnlicher art mit bestimmtheit geschlossen werden kann.

Was die altersbestimmung des schiffes betrifft, so sind dabei verschiedene Momente in betracht zu ziehen.

Die fundstätte des englischen bootes liegt in unmittelbarer

---

[1]) Boehmer, Nav. Arch., fig. 28.
[2]) ib. fig. 30, 31, 32.
[3]) ib. fig. 33, 34.

nähe eines kleinen flüßchens, des Ancholme River. Manche einzelheiten deuten indessen darauf hin, daß in früherer zeit ein wasserlauf von ziemlicher größe das flußbett einnahm, der noch in historischer zeit jährlich mehrere monate die anliegenden niederungen mit seinen wassermassen überschwemmte.

Im jahre 1884 wurde an dieser stelle eine sehr interessante entdeckung gemacht: eine art bretterbrücke und nicht weit davon entfernt ein floß[1]) von recht großen dimensionen, alle in derselben tiefe. Das letztere weist in bezug auf seine herstellungsweise, vor allem die art der zimmerung, eine frappante ähnlichkeit mit den bei Tune und Gokstad in Norwegen gefundenen Wikingerschiffen auf. Diese methode ist indessen nicht beschränkt auf die schiffskonstruktion des achten bis zehnten jahrhunderts, sondern begegnet auch schon bei dem boote aus dem dritten Jahrhundert, das im Nydamer Moor in Dänemark gefunden worden ist, und anderen aus einer weit früheren zeit. Die in betracht kommenden übereinstimmungen scheinen also einen gemeinsamen ursprung vorauszusetzen.

Bezüglich des alters lassen das boot, floß etc. sich nicht in verbindung bringen mit der geologischen formation, in deren unmittelbaren nähe sie ihren letzten ruheplatz gefunden haben, da noch in historischer zeit das jetzt 9 englische meilen vom Humber entfernt liegende Glanford Brigg als fischerdorf bekannt war. Diese orte standen damals eben noch in engerer Verbindung mit der offenen see; der jetzt vorgelagerte boden ist erst im laufe der zeit durch anschwemmungen entstanden, die naturgemäß von so geringer härte waren, daß die schwereren gegenstände eine tiefere lage bekamen als dies der zeit entspricht, in die sie gehören.

Ein weiteres beispiel desselben typs bildet das Loch Arthurboot, das im jahre 1876 in Lotos Loch oder Loch Arthur etwa sechs meilen westlich von Dumfries in Schottland gefunden wurde.[2]) Nur der vordere teil, etwa ein drittel des ganzen, ist uns erhalten. Die auffallendste abweichung von den oben genannten fahrzeugen weist der bug auf, der oben in einen tierkopf ausläuft.

---

[1]) s. Boehmer, Nav. Arch., plate LXX.
[2]) s. ib. plate LXXI.

Zu diesem typus gehören noch zahlreiche andere vertreter auf den britischen inseln. In und um Glasgow allein sind mehr als zwanzig kanoes zu verschiedenen zeiten entdeckt und ausgegraben worden.[1]. Sie wurden in verschiedener tiefe gefunden, eingebettet in sand, kies und ton, was auf meeresablagerungen hindeutet. Muscheln und schalen sind sowohl am boote haftend, wie auch in der umgebenden bodenschicht entdeckt worden.

Fast alle diese boote sind aus einem einzelnen eichenstamm gefertigt; zwei von ihnen indessen aus planken. Von den letzteren ist eins in recht mühsamer weise gebaut. Das vorderteil gleicht dem schnabel einer alten galeere, während das hinterteil aus einem dreieckigen stück eichenholz gebildet ist. Eichenpinne und metallnägel sind zur befestigung der planken an die rippen benutzt worden. Zum dichten hat man in teer getränkte wolle gebraucht.

Das boot lag kieloben mit dem vorderteil dem flusse zu.

Nach ihrer konstruktion zu schließen gehören diese kanoes verschiedenen zeitperioden an: die primitivsten der steinzeit, die etwas vollendeteren der bronzezeit und die regelrecht gebauten der eisenzeit. Die tatsache, daß sie trotzdem alle in derselben bodenformation sich vorfanden, muß den veränderungen zugeschrieben werden, die fortwährend in dem bett eines großen wasserlaufes infolge von ablagerungen und fortschwemmungen vor sich gehen.

II. Die Schiffe der germanischen Bewohner Britanniens in altenglischer Zeit.

cf. Boehmer, Prehistoric Naval Architecture.
Müller, Nordische Altertumskunde.
Ps. Grdr. III² : 407 ff.
Schrader, Reallexikon.

Ist bisher die gesamtheit der nordseeanwohner berücksichtigt worden, so ist es nunmehr an der zeit die kreise enger zu ziehen, und speziell die germanischen bewohner Britanniens ins auge zu fassen.

Von den drei stämmen, die in der ersten hälfte des 5. jahr-

---

[1] die lit. findet sich bei Boehmer p. 545 anm. 1.

hunderts die insel besetzten, hatten die Sachsen bereits in früher zeit eine gewisse überlegenheit in marinetechnischen dingen erlangt. Zu beginn der christlichen ära werden sie uns als bewohner des landes nördlich der Elbe genannt,[1]) an welchem orte sie noch 140 n. Ch. vorgefunden werden;[2]) um die mitte des 3 jhs. sind sie vermutlich den Chauken benachbart gewesen,[3]) in der mitte des 4. jahrhunderts den Franken.[4]) Bald darauf scheinen die ersten ansiedelungen der Sachsen an der nordküste Galliens gegründet worden zu sein. Für den anfang des 5. jahrhunderts bezeugt Gregor von Tours[5]) bereits feste niederlassungen der Sachsen an der westküste Galliens in Anjou, besonders auf den Loireinseln.[6])

Es wird erzählt, die kunst des segelns sei ihnen geläufig gewesen, und ihre primitiven schiffe, die aus rutengeflecht mit fellen bestanden,[7]) seien so leicht gewesen, daß sie damit weit die flußläufe selbst bei ungünstigem winde hinaufgefahren wären und die bewohner der römischen küsten erschreckt hätten.[8]) Trotz ihrer beschränkten sternkunde, ohne kompaß und ohne karten, fanden sie den weg zu den Orkney-inseln.[9]) Während der regierungszeit Diokletians und Maximians suchten die Sachsen in immer zunehmendem maße die küsten Galliens und Britanniens heim, so daß Maximian im jahre 286 sich veranlaßt sah, Geso-

---

[1]) Vellejus Paterculus, 2, c. 107.
[2]) Ptolemäus-Geog. lib., II, c. 2.
[3]) Plinius, Hist. Nat. XVI c. 76.
[4]) Eutrop. Breviar. Hist. IX, c. 21. — Aurel. Vict. in Caes. c. 32.— Eumenius I, c. 12. — Ammianus Marcel. Rer. Gestar. lib, XXVI, sec. 4; lib. XXVII c. 8, sec. 5.
[5]) Greg. v. Tours, Hist. Francorum 2, 18 f.
[6]) Cf. Hoops, Waldbäume 566 ff.
[7]) Sidonius Apollinaris
»Quin et aremoricus pyratam Saxona tractus
Sperabat, cui pelle salum sulcare Britannum
Ludus, et assuto glaucum mare findere lembo.«
[8]) In Claudians De laudibus Stilich. II, v. 254 sagt Britannia: »Illius effectum curis, ne litore tuto, Prospicerem dubiis venturum Saxona ventis.«
[9]) cf. Claudian, De Cons. Hon. IV, 31 : »Maduerunt Saxone fuso Orcades; incabuit Pictorum sanguine Thule; Scotorum cumulus flevit glacialis Jerne.«

riacum oder Bononia (Boulogne) in einen kriegshafen für die römische flotte umzuwandeln.[1]) Um die mitte des 4. jahrhunderts dauern die raubfahrten der Sachsen an den gallischen küsten nach dem bericht des Ammianus Marcellinus ungeschwächt fort.[2]) Noch einmal verbreiteten sie schrecken bis hinab zur Garonne und Charente,[3]) bevor sich ihr schicksal in der ersten hälfte des folgenden jahrhunderts mit ihrer landung und niederlassung im südosten Albions erfüllte.

Nach der mit vorsicht aufzunehmenden überlieferung erschienen sie auf drei schiffen,[4]) von denen jedes 300 mann gefaßt haben soll; jedenfalls nicht mehr auf kanoes oder booten aus rutengeflecht, sondern auf fahrzeugen mit großem vor- und achterdeck: ein beweis bedeutenden fortschritts.

Über die art des schiffbaues bei den Sachsen ist nichts genaues bekannt, wenn wir nicht das im Nydamer Moor in Schleswig gefundene schiff mit seinen booten als modell eines sächsischen fahrzeuges annehmen. Es ist zwar von einigen gelehrten den Dänen zugeschrieben worden.[5]) Beweis hierfür sei die außerordentlich geschickte und feine bauart des fahrzeuges, die eine größere erfahrung in der schiffstechnik voraussetze als einem volke, das wie die Sachsen nur einen kurzen küstenstrich inne hatte und erst eine verhältnismäßig kurze zeit sich maritimen geschäften widmete, zugestanden werden könne.

Prof. Handelmann[6]) und admiral Werner[7]) erkennen in diesem

---

[1]) Eutropius, Breviar. Histor. IX, c. 21. Aurel. Vict. in Caes. c. 32.
[2]) Ammianus Marcellinus XXVII 8,5.
[3]) Sidon. Appolin. Epist. VIII, 6.
[4]) Nennii Histor. Briton. (ed. Mommsen, Mon. Germ. hist. Auct. antiq. 13, 1898) § 31 »tres ciulae.« — Gildae Sapientis De excidio et conquestu Britanniae (ibid.) § 23 »tribus, ut lingua eius (Saxorum) exprimitur, cyulis, nostra longis navibus, secundis velis.« — Beda, Hist. ecclesiast. gentis Anglor. I, c. 15 »tribus longis navibus.«
[5]) C. Engelhardt, Denmark in the Early Iron Age, London 1866; ebenso Boehmer, Nav. Arch.
[6]) Handelmann, Das älteste germanische Seeschiff: Correspondenzblatt d. deutsch. Ges. f. Anth. No. 12, Dez. 1871, p. 95.
[7]) R. Werner, Das Seewesen der germanischen Vorzeit: Westermanns illustrierte Monatshefte, Oktober 1882.

boote das einzige wohl erhaltene exemplar des ältesten germanischen seeschiffes und stützen ihre ansicht auf die a. a. o. p. 147 angeführte überlieferung, wonach während des 3. und 4. jahrhunderts sächsische piraten wiederholt mit ihren langbooten die küsten der damaligen römischen provinzen Gallien und Britannien beunruhigten, d. h. in einer periode, der die in den booten gefundenen münzen angehören. Sei dem nun, wie ihm wolle, der typus der fahrzeuge, mit denen die Sachsen in der ersten hälfte des 5. jahrhunderts nach Britannien fuhren, kann nicht sehr verschieden gewesen sein von dem im Nydamer Moor gefundenen schiffe.

Bei der untersuchung des Nydamer Moores im Sundewitt (im jahre 1863) wurden zwei ca. 80 fuß lange ruderboote zu tage gefördert, das eine von eichen-, das andere von fichtenholz. Die bestandteile des letzteren blieben meistens unweit der fundstelle auf dem felde liegen und sind während der kriegsstürme 1864 bis auf wenige reste verschwunden.

Das boot aus eichenholz dagegen, ein 28-ruderiges fahrzeug, wurde restauriert. Es lag zerfallen auf dem grunde des moores. Die verbindungen hatten sich nach und nach gelöst und zuletzt war das ganze schiff in seine teile zerfallen; doch waren alle bestandteile noch vorhanden, so daß es ein leichtes war, das schöne fahrzeug mit seinen schlanken formen wieder zusammenzustellen. Augenblicklich steht es im dachraum des Kieler museums für vaterländische altertümer.

Das boot, ohne deck, ist zwischen den äußersten spitzen der hohen steven beinahe 24 m lang, in der mitte 3,30 m breit und ziemlich flach, an beiden enden aber ungleich höher und zugespitzt. Es ist aus 11 mächtigen eichenplanken gebaut, nämlich 5 auf jeder seite und einer bodenplanke, aus welcher der kiel herausgearbeitet ist. Er ist in der mitte des bootes wenig mehr als einen zoll tief und volle acht zoll breit; nach den steven zu verliert er sich allmählich. Diese sind mit hölzernen nägeln an die bodenplanke befestigt[1]). Die planken wurden mit großen eisennägeln zusammengehalten[2]); die zwischenräume zwischen den

---

[1]) Boehmer, Nav. Arch., fig. 97.
[2]) ib. plate LXXIV.

einzelnen planken waren mit wollzeug und einer teerigen, klebrigen masse gedichtet.

Das boot ist klinkergebaut, d. h. in der art, daß die kante jeder höher liegenden seitenplanke über die nächstfolgende niedrigere übergriff.

Bemerkenswert ist, daß die klampen aus den planken ausgehauen sind[1]), was immerhin auf eine hohe entwicklung der handwerkskunst schließen läßt. Sie waren mit den spanten durch bastschnüre verbunden; eine tatsache, die bei einem volke, das mit der herstellung und verwendung des eisens vertraut war, nicht wenig überrascht. Möglicherweise hat man durch diese eigentümliche verbindung der spanten mit den seitenplanken aber den bordwänden mehr elastizität geben wollen. Solcher art gebaute boote erhielten dadurch jedenfalls eine geschmeidigkeit, die in der brandung und auf hoher see willkommen war.

Die ruderpflöcke sind separat gefertigt[2]) und an der reling mit bändern befestigt, damit man sie leicht umdrehen konnte, wenn man auf einem fluß oder irgend einem schmalen wasser zurückrudern mußte. Die ruder gingen durch ruderstroppen, die an den pflöcken befestigt waren. Sie entsprechen genau den heute gebräuchlichen und sind beinahe 3,60 m lang. Außerhalb des bootes lagen mehrere ruder und das steuer,[3]) das an der seite des bootes lose angehängt gewesen war. Es hat eine länge von 9 Fuß 7 zoll. Von einem mast fand man keine spur[4]).

Mit der übersiedelung der Angeln und Sachsen nach Britannien werden sie mehr als ein anderer stamm aus der großen gemeinschaft der westgermanischen völker herausgerissen. In ihrem neuen vaterlande, das von den Römern um jene zeit vollkommen geräumt ist, finden sie keltische stämme vor, die durch den langen konnex mit den Römern zum teil bereits eine höhere stufe der

---

[1]) Boehmer, Nav. Arch., fig. 99.
[2]) ib., fig. 101.
[3]) ib., fig. 102.
[4]) Über das Nydamer boot s. Müller, Nord. Altertumskunde II 124 ff. und abb. 90; Montelius, Kulturgesch. Schwedens, p. 194 und abb. 329; Boehmer, Nav. Arch., p. 572 ff. und fig. 93, 94 sowie plate LXXIV; sonstige literaturangabe ib. p. 572 anm 1.

kultur erreicht haben. Eine fülle von anregungen haben die eindringenden Germanen von diesem volke auf den verschiedensten gebieten empfangen; auf dem gebiete der schiffstechnik schulden sie ihnen nichts. Denn gerade die Kelten sind das prägnanteste beispiel für den satz, daß die nähe des meeres allein kein volk zu seefahrern erzieht. »Jahrhunderte, jahrtausende hindurch haben sie von ihren weitauslaufenden landzungen auf den Ocean hinausgestarrt, ohne sehnsucht, ohne ahnung, ohne taten.« (Wackernagel, Kl. Schriften I, p. 85).

So ist es erklärlich, daß sich in der gesamten uns überlieferten angelsächsischen schiffsterminologie nur ein wort vorfindet, das man mit einiger sicherheit als keltisch ansprechen darf: das allerdings nur lokal auftretende *cuopel*. Überhaupt kann an dieser stelle bemerkt werden, daß die nautische terminologie der Germanen außerordentlich geringe fremdsprachliche bestandteile aufweist; sie schöpft durchaus aus dem born der eigenen sprache und verrät sozusagen keine spur von beeinflussung durch andere völker. Demgegenüber ist die große abhängigkeit des romanischen seewesens vom germanischen hervorzuheben, die sich in überraschender weise in dem wortschatz dieser völker wiederspiegelt.[1]) Die Germanen sind während des ganzen mittelalters die lehrmeister der nordeuropäischen völker gewesen!

Nach der niederlassung der germanischen stämme in Britannien versiegt die quelle, die uns vorher aus den überlieferungen römischer autoren in so reichem maße geflossen hat. An ihre stelle tritt bald ein ersatz: die eigenen literarischen zeugnisse der Angelsachsen.

Meer und schiffahrt spielen in den angelsächsischen dichtungen eine große rolle, sie atmen eine frische seeluft. Trotzdem, so auffällig es auch scheinen mag, ist es eine unbestreitbare tatsache, daß uns aus der altenglischen dichtung im gegensatz zur griechischen keine nähere kenntnis des schiffes jener zeit erwachsen kann. Dies ist gewiß weniger auf die unkenntnis der dichter in bezug auf die einzelheiten des schiffes und deren fachmäßige benennung, als vielmehr auf den charakteristischen stil der ags.

---

[1]) Cf. Teil B dieser Arbeit.

dichtung zurückzuführen, der keine ausführlichen detailschilderungen kennt. Die größe und schönheit eines fahrzeuges wird nicht dadurch veranschaulicht, daß man seine einzelnen teile eingehend schildert oder seine herstellung genau erzählt, sondern die wirkung auf den hörer wird erzielt durch mannigfache variation des einen begriffes, durch die sog.»kenningar«, die immer nur eine allgemeine, besonders hervorstechende eigenschaft des betreffenden gegenstandes beleuchten. Eine eingehende beschreibung, wie sie uns bereits in spätern altnordischen sagas entgegentritt,[1]) ist dem stil der ältern englischen epik unbekannt.

Auch die ae. prosa gibt uns keine näheren auskünfte: am meisten erzählen uns hier noch die angelsächsischen annalen, denen wir vor allem die verschiedenen bezeichnungen für die einzelnen arten der fahrzeuge verdanken. Damit ist ihre bedeutung aber auch erschöpft.

Es kommen als letzter faktor die glossare in betracht. In der tat geben sie uns über manche teile des schiffes auskunft. Aber auch sie sind keineswegs einwandfrei, da sie zum teil ziemlich ungenau übersetzen. Dazu kommt, daß eine reihe von worten nur ein einziges mal belegt ist, und daß manche von diesen den stempel einer falschen schreibung an der stirn tragen.

Es gibt daher im altenglischen wohl kaum eine begrifflich zusammengehörige wortgruppe von annähernder wichtigkeit, bei welcher die verhältnisse so im argen liegen wie hier; die seeleute selbst, die an erster stelle befähigt gewesen wären, uns über dies gebiet zu orientieren, hatten weder ein interesse daran, uns mit ihrem wortschatz bekannt zu machen, noch gehörten sie zu den ständen, die damals allein des lesens und schreibens kundig waren.

Wie sehr aber das meer den Angelsachsen seit der frühesten zeit vertraut und stammeseigen ist, lehren uns schon die ältesten poetischen denkmäler. Mit den verschiedensten bildern bezeichnen die dichter das fahrzeug, welches, wie das roß den reiter, den schiffer durch die brandung trägt. Das schiff scheint ihnen sozusagen ein lebendiges wesen gewesen zu sein, und so erklärt sich die große menge der treffenden vergleiche, welche sich in den

---

[1]) König Olaf Trygvasons Saga, Heimskringla text, c. XCV.

'kenningar' wiederspiegelt.[1]) — Die höchste form der letzten ehren aber, welche man einem verstorbenen fürsten erweisen kann, ist die, daß man ihn in einem schiffe beisetzt, das man entweder in die fluten hinabgleiten läßt[2]) oder der kühlen erde anvertraut.[3]) Eben dieser letzten art der leichenbestattung verdanken wir den weitaus größten teil dessen, was wir an schiffsfunden aus historischer zeit besitzen. Leider sind auf englischem boden nur zwei modelle dieser art entdeckt worden: das eine bei Snape[4]) (Suffolk), das andere, ein größeres kriegsschiff, welches indessen vielleicht nicht dem oben genannten zwecke gedient hat, in der nähe von Botley;[5]) beide sind noch dazu wohl als dänisch anzusprechen. Anders verhält es sich in Skandinavien, wo in dieser beziehung ganz überraschende entdeckungen gemacht worden sind, von denen hier als die bedeutendsten vertreter das Tuner und das Gokstader schiff angeführt sein mögen,[6]) die beide, was technik des baues betrifft, zu dem vollendetsten gehören dürften, was die fertigkeit jener tage auf diesem gebiete aufzuweisen gehabt hat. Wir werden daher nicht umhin können, uns in manchen einzelheiten in den folgenden ausführungen auf die fahrzeuge der Wikinger zu beziehen. Wir können dies umso eher, als die berührung der Angelsachsen mit den Skandinaviern in der späteren altenglischen periode eine ziemlich enge war, so daß die überlegene technik der letzteren unbedingt auf die schiffbaukunst der Angelsachsen abfärben mußte. An einer späteren stelle wird dies noch eingehender zu würdigen sein.

Die schriftlichen überlieferungen und die funde sind also die zeugen, die uns ein bild von der schiffstechnik dieser zeit geben können.

---

[1]) Die sog. kenningar, die natürlich ausschließlich der dichterischen rede angehören, sind im anhang dieser arbeit kurz zusammengestellt.
[2]) Cf. Beowulf v. 26—52.
[3]) Cf. auch Schrader, Handelsgeschichte und Warenkunde I, Jena 1886.
[4]) von Boehmer, Nav. Arch., p. 603 behandelt.
[5]) s. näheres bei Boehmer, p. 630 ff.
[6]) Über die schiffe von Tune uud Gokstad handelt Boehmer p. 619 ff. und 618 ff, woselbst sich auch die zugehörige literatur findet.

1. Die Schiffe.

Obgleich das wort *scip* für alle fahrzeuge ohne rücksicht auf ihre form oder größe gebraucht werden konnte, scheint es doch im engeren sinne nur für größere schiffe angewendet worden zu sein. Dies erhellt einmal aus den verbindungen, in denen das wort in der altenglischen literatur gebraucht wird: so erhält es z. b. B. 302 und 1917 das epitheton *sīd-fæþme*, An. 240 *wīd-fæþme*, während Gen. 1302 die arche Noahs *scip* genannt und durch *mere-hūs micel* variiert wird. Das beweist ferner ein vergleich mit der bedeutung desselben wortes in den übrigen germanischen dialekten. Im altnordischen bezeichnete *skip* nämlich ein fahrzeug, das durch ruder von bänken oder kurzen sitzen[1]) aus fortbewegt wurde. Bänke oder sitze aber wurden nach den älteren Gula-gesetzen nicht auf schiffen gebraucht, die weniger als 13 ruder auf jeder seite hatten.

Im allgemeinen teilte man alle schiffe nach ihrer größe in zwei klassen, nämlich boote *(bāt, nacā)* und schiffe *(scip)*. Die letztere klasse wurde wieder nach der seetüchtigkeit der einzelnen schiffe als küstenfahrzeuge und als seeschiffe *(flot-scip)* unterschieden und außerdem nach ihrer anwendung als kriegsschiffe *(fyrd-scip)* und als handelsschiffe *(ceap-scip)*, obgleich eine scharfe trennung zwischen diesen sich nicht durchführen läßt, indem alle handelsschiffe und die meisten schiffe überhaupt zugleich als kriegsschiffe benutzt werden konnten. Unter den kriegsschiffen waren die bekanntesten die sog. langschiffe *(lang-scip)*, die **naves longae** der Römer. Zu diesen gehörten die kleineren schnellsegelnden fahrtschiffe, die *snacca* (sog. *snarc*). Von fremden kriegsschiffen werden in den alten schriften ferner *dulmun* und *æsc* erwähnt, welch letzteres wort nur zur bezeichnung der Wikinger-schiffe diente. Von englischen fahrzeugen werden diese namen nie gebraucht.

Die bedeutung *naca* und *bāt* geht aus den entsprechenden deutschen worten hervor. Beide ausdrücke scheinen vorzugsweise der gehobenen, dichterischen sprache anzugehören, **da sie**, außer in glossen, in der prosa nie belegt sind. Übrigens wird in der

---

[1]) Flateyarbók I, 396

poesie für ein und dasselbe fahrzeug bald *scip*, bald *naca* oder *bât* geschrieben.

Als handels- und transportschiffe, nicht als kriegsfahrzeuge, sind wohl die folgenden gattungen anzusehen.

Ein größeres schiff bezeichnete der terminus *ceol*. Wenigstens dürfte dies aus einer nachricht hervorgehen, nach der die Angelsachsen 'on *prim ceolum*' nach Britannien kamen.[1]) Auch die fahrzeuge, mit denen die kaiserin Helena die seereise nach Palästina machte, und ebenso dasjenige, das Beowulf übers meer nach Heorot trug, heißen *ceol*.[2]) In den gesetzen des königs Aedelred wird bestimmt, daß von einem kleinen schiffe $^1/_2$, von einem größeren, mit einem segel versehenen, 1 pfennig als zoll erhoben wird; einem ceol aber soll eine abgabe von 4 pfennig auferlegt werden.[3]) Diese beispiele beweisen jedenfalls, daß wir unter ceol ein fahrzeug von immerhin beträchlichen dimensionen zu verstehen haben.

Mit ceol in der zollbehandlung gleichgestellt wird in den letztgenannten gesetzen eine andere schiffsart: *hulc*, die daher ebenfalls wohl als größeres last- oder transportschiff anzusprechen ist, eine bedeutung, die ganz der des grch. ὅλκας, mlat. *holcas*, aus dem es ja entlehnt ist, entspricht, und die auch für das me. die ausschließliche ist. Daß es in einem altenglischen glossar einmal gleich lat. *liburna* »leichtes, schnellsegelndes schiff« gesetzt wird, muß dann wohl der unkenntnis des glossators zugeschrieben werden.

Seit dem ende des 8. jahrhunderts beginnen skandinavische Wikingerzüge nach den britischen inseln und seit 855 fassen Nordleute auf englischem boden fuß. Sie werden bis zur zeit Alfreds des Großen herren von ganz England nördlich der Themse. Der energie und ausdauer des größten angelsächsischen königs gelingt es, sie auf einen teil des landes, das sog. »Denelag« (den osten) zu beschränken. Später (1013—42) mußte England unter

---

[1]) Ags. Chr. E, 449. Vgl. auch oben (p. 19 anm. 1) die stellen bei Nennius und Gildas.
[2]) El. 250; B. 238, 1806.
[3]) Gesetze, IV Atr. 2.

den dänischen königen einem besonders mächtigen einfluß von seiten des skandinavischen nordens ausgesetzt sein.[1]

Die Engländer fühlten sich anfänglich in scharfem gegensatz zu den Nordleuten, die noch heiden waren. Darum ist das altnordische element im ae., wenigstens soweit es in die schriftsprache eingedrungen ist, ziemlich gering.

Natürlich zeigte sich der altnordische einfluß vorzüglich auf denjenigen gebieten des täglichen lebens, auf denen die Skandinavier bereits eine überlegene kultur aufzuweisen hatten, so vor allem in der schiffstechnik. Hier traten den Angelsachsen teilweise ganz unbekannte dinge entgegen und selbstverständlich wurde mit der neuen sache auch das wort dafür eingeführt. Worte, wie *barda* »rostrata navis«, *barþ* ds., *cnēar* »kriegsschiff« *scegð* »größeres schiff«, u. a. m., die sich im me. nicht vorfinden, sind aus dem skand. entlehnt zur bezeichnung von dingen, die mit dem leben und den einrichtungen der eindringlinge aufs engste verbunden waren. Die einführung solcher worte ist von demselben charakter wie heutzutage die übertragung technischer ausdrücke von einer sprache in die andere.[2]

Scegð (aus an. *skeið*) bezeichnet ganz offenbar ein schiff von bedeutender größe, nicht ein kleines, leichtes boot, wie manche wbb. angeben. Die einzige im ae. näher bezeichnete hat 64 ruder[3]; Alfreds *langscipu* hatten 60 ruder und mehr.[4] In der Chr. Ms. F heißt es zum j. 1008: unam magnam navem, quae Anglice nominatur *scegð* und in WW. 181[18], 289[13] glossiert *scegð* das lat. *trieris*. Ferner findet sich WW. 165[40] die gleichung: *scapha vel trieris = litel scip odde sceigd*, wobei *litel scip* offenbar lat. *scapha*, dagegen *sceigd* lat. *trieris* glossiert.[5] Das an. *skeid* wurde einem großen schnellen segler beigelegt: einer der größten ist der des Erling Skjálgsson, der 64 ruder hatte und 240 mann aufnahm.[6]

---

[1] Kluge, Gesch. d. engl. Sprache, Pauls Gr.² I, 926 ff.
[2] Björkman, Loanwords p. 5 f.
[3] s. Will of Alfwold, gedruckt in N. S. Ch. p. 23 f.
[4] s. Chr. 897.
[5] Cf. N. S. Ch, p. 128.
[6] Olaf Trygvason Saga, cap. CV; St. Olaf Saga, cap. CLXXXIV; Heimskringla, ed. Unger pp. 231, 414.

Eine art von kriegsschiffen bildeten die bartenschiffe *(barda, barþ)*. Sie hatten unterhalb des vorderstevens einen scharf hervorstehenden rand, den man barte (an. *barþ*) nannte; sic bildete eine fortsetzung des kiels. Die barte war mit eisernen platten bekleidet und mit eisernen stacheln versehen. Mit diesem sporn wurden die fahrzeuge der feinde im anprall durchbohrt. *Cnēar* (an. *knǫrr*) bezeichnete ein größeres schiff, das offenbar sehr häufig kriegszwecken diente. Im größten teile der nordischen sagazeit waren die *knerrir* die gewöhnlichsten handelsfahrzeuge. Die größten dieser gattung waren die sog. ostfahrtschiffe (an. *austrfararknǫrr, austrfararskip)*, mit denen gewöhnlich handelsreisen nach Rußland und den Ostseeprovinzen unternommen wurden.

Die boote *(bāt, naca)* können nach ihrer form und übrigen beschaffenheit in verschiedene klassen geteilt werden. Zu den allereinfachsten gehörte das kanoe *(trog)*, was wohl ursprünglich einen ausgehöhlten baumstamm bezeichnete, der als boot benutzt wurde. Von ähnlicher beschaffenheit war die ponte *(punt)*, ein boot mit flachem boden. Dagegen scheinen *cræft, rēwet(t), þurruc* und *cuopel* die gewöhnliche schiffsform mit kiel und spitzen steven gehabt zu haben. Wahrscheinlich kommt ihnen eine art mittelstellung zwischen boot und schiff zu.

Ziemlich vage ausdrücke sind *fær, flota, fleot, flȳte, lid* und *lid* (= an. *lið*), die als ganz allgemeine bezeichnungen aufzufassen sind und fast ausschließlich der gehobenen, dichterischen sprache angehören.

2. Die Schiffsteile.

a. Der Rumpf.

Der schiffsrumpf bestand gewöhnlich aus eichenholz und setzte sich zusammen aus dem kiel, den beiden steven, den spanten und den planken.

Den grundbalken des schiffes bildete der kiel *(botm, bytme)*, ein der länge des fahrzeuges entsprechendes vierkantiges stück holz; an seinen vorn und hinten etwas aufwärts gebogenen enden und von gleicher stärke mit ihm wurden schräg aufwärts gerichtete und etwas nach außen gekrümmte pfosten befestigt, die beiden steven (sg. *stefn*). Der vorsteven hieß *forþ-, frum-stefn*, der achtersteven *steor-stefn*. Der verbindungsstelle wurde in der regel durch einschaltung eines gekrümmten holzstückes größerer halt verliehen. Im Nydamer boot ist die verbindung mittels hölzerner pflöcke hergestellt,[1]) im Tuner schiff durch ein enges gelenk;[2]) im Gokstader schiff ist dagegen ein besonderes stück holz eingeschaltet, das mit zwei reihen nägel an den kiel gezimmert ist.

Der kiel ragte bei vielen fahrzeugen über den vordersteven hinaus und lief so in einen sporn *(cæle)* aus,[3]) der mit metallplatten beschlagen war und zum rammen feindlicher schiffe diente.

Wenn der kiel gewissermaßen das rückgrat des schiffes bildet, so lassen sich die spanten als die rippen bezeichnen. Sie sind in fast allen uns bekannten fahrzeugen nicht aus einem stücke, sondern aus drei fest zusammengefügten partieen gefertigt,[4]) die durch hölzerne oder eiserne nägel mit einander verbunden sind, wobei das mittlere stück nach beiden seiten vorschießt. Diese anordnung weist sowohl das Tuner als auch das Gokstader schiff auf, während beim Nydamer boot die spanten, die dem fahrzeug seine gestalt verleihen, eine von natur gekrümmte, unregelmäßige form haben.

Die spanten wurden nicht mit nägeln an den kiel befestigt, sondern lagen frei auf ihm. In der mitte unterhalb hatten sie einen einschnitt, mit dem sie den oberen teil des kiels umfaßten, und der ihre seitliche verschiebung hinderte. Damit auch eine verschiebung nach vorn und hinten unmöglich wäre, legte man einen auf sie eingeschnittenen balken darüber.

Die spanten wurden außen mit planken *(þel)* verkleidet, welche so gelegt wurden, daß jede höher liegende planke über die kante der zunächst darunter liegenden hinausging.[5]) Alle uns erhaltenen schiffe sind in dieser art gefertigt, d. h. sie sind klinkergebaut. Die planken wurden mit einander mittels hindurchgehender eiserner nägel verbunden. Auffallend ist, daß bei den meisten schiffen, so beim Nydamer boot und ebenso beim Tuner und Gokstader schiff, die kiel- und die relingsplanke mit nägeln

---

[1]) Boehmer, Nav. Arch. fig. 97.
[2]) ib. fig. 129.
[3]) ib. plate LXXV f.; Montelius, Kult. Schwedens fig. 330.
[4]) Boehmer, Nav. Arch. fig. 130.
[5]) Boehmer, Nav. Arch. fig. 139.

an die spanten geheftet sind, während aus den übrigen spanten klampen ausgehauen sind, die man mit den ersteren durch bastschnüre verbunden hat. Wahrscheinlich wollte man, wie bereits a..a. o. bemerkt wurde, hierdurch eine übergroße starrheit der fahrzeuge vermeiden. Zum dichtmachen zwischen den einzelnen plankenlagen benutzte man kuhhaar, aufgezupftes tauwerk und dergleichen.

Mit ausnahme einzelner kleinerer fahrzeuge waren alle schiffe an beiden enden mehr oder weniger spitz, sowohl der vorder- wie der hintersteven. Der oberste freistehende teil der steven war ziemlich hoch und endete gleichsam in einer art von spitze, die beim vorsteven das geschnitzte oder gemalte abzeichen oder wahrzeichen des schiffes trug, meist einen tierkopf.

Alle fahrzeuge waren entweder vollständig oder teilweise offen. Ein glattes deck, auf dem die planken von vorn nach hinten in einer ebene fortliefen, finden wir nicht. In den booten waren zwischen den spanten nur dielen oder lose bretterstücke *(pel(l))* angebracht, um darauf zu gehen. In größeren schiffen hatte man dagegen eine art verdeck *(flōr, scylfe, bord)*, ein halbdeck am hintersteven und ein vorstevendeck *(pliht)* am vorder- steven. Mehrfach ist in den literarischen denkmälern von einem schiffsgang *(bolca)* die rede. Das wort *bolca* glossiert lat. *forus*. Doch scheint es B. 231 und An. 602 die beim landen ans ufer gelegte schiffsplanke zu bezeichnen, während An. 305 wahrscheinlich der vom achter- zum vorderdeck führende schiffsgang gemeint ist. Der eigentliche lastraum in der mitte war gewöhnlich offen.

Der innere hohlraum des schiffes, den wir kurzweg den raum oder das hohl nennen, hieß *wrang* oder *wranga*. Der raum über dem kiel, wo das eingedrungene wasser sich sammelt, der kielraum, wurde als *lecpa* oder *purruc* bezeichnet. Jedes größere schiff war außerdem noch in mehrere räume geteilt, über die wir aber bei der unvollkommenheit der überlieferung wenig wissen. Das vorderteil des fahrzeuges wurde *ancor-setl*, das hinterteil *steor-setl* genannt. .

b. Die Ausrüstung des Schiffes.

Die ausrüstung eines fahrzeuges hieß *scip-getawn*. Zu ihr gehörte zunächst das rudergeschirr *(gerēpru)*.

Bei ruhigem wetter wurden die schiffe durch ruder (sg. *ār*) fortbewegt, die je nach ihrer länge und der größe des fahrzeuges von zwei, drei oder vier mann gehandhabt wurden; bei kleineren schiffen konnte auch eine person allein ein ruder bedienen. Damit die ruder sowohl beim abstoßen des griffes, als auch beim anziehen eine widerlage finden, legen wir sie zwischen zwei in den schiffsbord gesteckte pflöcke, die dollen heißen. Im früheren mittelalter aber wurde nur eine dolle *(pol, polle; hā; hamele)* benutzt, gegen die sich das ruder beim anziehen legte. Um es an der dolle beim abstoßen festzuhalten, diente ein ruderstrick *(mīdl, strop, ār-widde)*.

Auf größeren schiffen bewegten sich die ruder nicht in dollen, sondern in ruderlöchern (sg. *ār-loc*). In dem schiffe von Gokstad finden sich diese in der dritten planke oder verkleidungsreihe von oben mitten zwischen jedem paar k n i e e in gegenseitigen abständen von drei fuß. Damit die ruderblätter (sg. *ār-blæd*) hinausgesteckt werden konnten, ohne daß die löcher allzugroß wurden, war in der hinteren hälfte der peripherie jedes loches in schräger richtung von dem horizontalen durchmesser aus ein kleiner spalt ausgeschnitten,[1]) und wenn die ruder hereingenommen waren, wurden die löcher mit schiebeklappen, die innenbords angebracht waren, geschlossen.

Für jedes paar ruder war eine ruderbank *(pofte)* vorhanden, die, falls sie nicht mit den querbändern zusammenfiel, aus losen brettern bestand, die quer über das boot gingen. Auf größeren schiffen benutzte man indessen keine ruderbänke, die quer über sie hinweggingen, sondern kürzere rudersitze (sg. *scip-setl*), die auf den seitendecken jeder reling entlang eine reihe bildeten, so daß zwischen den beiden reihen in der mitte des schiffes ein breiter schiffsgang war. Die zu den gefundenen schiffen gehörigen ruder haben eine länge von durchschnittlich $18^1/_2$—$19^1/_2$ fuß,[2]) während die kleinen boote solche von 10 fuß besitzen.[3])

Neben den rudern dienten zur fortbewegung des schiffes mast und segel.

Der mast *(mæst)* bestand aus einem einzigen stücke. Er

---

[1]) Boehmer, Nav. Arch. fig. 141.
[2]) Nicolaysen, Langskibet fra Goksted, p. 38.
[3]) Engelhardt, Denmark in the Early Iron Age, p. 38.

war nach oben und unten etwas verjüngt und hatte in der höhe des decks, wo er der gefahr des brechens am meisten ausgesetzt war, seine größte dicke. Der mastfuß stand in einer höhlung *(mæst-cist)* in einem schweren holzblock *(stæpe)*, der seinen platz über den mittelsten spanten im schiffe hatte. Diese höhlung erstreckte sich mit derselben breite ein wenig nach hinten, um das aufrichten und niederlegen des mastes zu erleichtern. Dieser selbst war von mäßiger höhe. Er wurde bei jeder gelegenheit, wo die umstände den gebrauch der segel nicht gestatteten oder unnötig machten, gesenkt. Wenn der mast aufgerichtet war, wurde er mit verschiedenen tauen *(stæg, mæst-ráp, -twist, stæp, steding-líne)* gestützt. Soll der mast nach allen seiten gestützt werden, so gehören dazu wenigstens drei taue. Sie wurden um die mastspitze befestigt.

Den obersten teil des mastes bildete die spindel, die mit ihm aus einem stück, aber von geringerem durchmesser war, so daß der sie umgebende mastkopf auf dem scharf hervortretenden rande des mastes ruhte. Dieser mastkopf *(hūn)*, ein wohl aus mehreren stücken zusammengesetzter holzklotz, trug auf größeren schiffen ein brettergerüst. In diesem falle hatte das ganze ähnlichkeit mit dem, was wir einen mastkorb nennen.

Die takelung, die sehr einfach war, wurde unter dem namen *segl-geræde* zusammengefaßt.

Die rahe *(segl-gierd, segl-ród)* war ein rundes stück holz; in der mitte, wo sie am maste lag, war sie am dicksten, nach den seiten zu verjüngte sie sich. Um die rahe zu heißen und zu streichen, diente das fall *(wæde-ráp)*, ein in der mitte der rahe angebrachtes tau, das im mastkopf über eine in einer öffnung desselben *(hūn-þyrel)* angebrachte rolle *(mæst-lön?)* lief. Bei kleineren schiffen diente das fall zugleich als stütztau für den mast. Um die rahe, wenn sie aufgeheißt war, sowie auch wenn das segel vom winde geschwellt wurde, dicht am maste festzuhalten, gebrauchte man das rack *(racca)*, wahrscheinlich ein taurack, d. h. eine schlinge, die von hinten nach vorn um den mast laufend zu beiden seiten von oben nach unten um die rahe gelegt und hinter dem maste wieder verbunden wurde.

An der rahe war das segel *(segl)* befestigt. Es war wohl meist aus leinwand gefertigt; doch scheint man in der frühesten zeit auch felle als segel benutzt zu haben.[1]) An den unteren freien ecken des viereckigen segels, die *sceata* hießen, wurden die schoten (sg. *sceat-line*) befestigt, deren unteres ende man *fōt-rāp* nannte. Die schoten dienen dazu, beim aufheißen des segels das schlagen und flattern desselben zu verhindern und das im winde geschwellte segel festzuhalten und nach einer bestimmten richtung anzustraffen.

Lange zeit, bis weit ins mittelalter hinein, hat sich die nördliche schiffahrt mit einem mast und einem rahesegel begnügt. Noch die auf den teppichen von Bayeux dargestellten schiffe,[2]) mit denen Wilhelm der Eroberer nach England fuhr, zeigen diese einfache anordnung, die sich sogar noch auf mehreren englischen stadtsiegeln aus dem 13. jh.[3]) findet.

Es ist eine schwierige aufgabe, den zeitpunkt zu bestimmen, wo »der kühnere mann zuerst am maste segel erhob.« Alle früher genannten, in wirklichkeit aufgefundenen vorgeschichtlichen fahrzeuge, auch noch das Nydamer boot, weisen keine sichere spur von mast und segel auf. Der gebrauch der segel läßt sich mit völliger bestimmtheit erst bei den Wikingerschiffen nachweisen, z. b. bei dem Gokstader schiffe. Hierzu paßt, was Tacitus, Germ. c. 44 von dem seetüchtigen volke der Suionen, den heutigen Schweden, sagt: »Forma navium eo differt, quod utrimque prora paratam semper appulsui frontem agit. Nec velis ministrant, nec remos in ordinem lateribus adiungunt, solutum, ut in quibusdam fluminum, et mutabile, ut res poscit, hinc vel illinc remigium.«

Im allgemeinen reden aber die zeugnisse der überlieferung anders. Aus der zeit des Bataveraufstandes im jahre 70 n. Ch. unter Claudius Civilis erfahren wir, daß die fahrzeuge der Barbaren, die den Römern in der Maasmündung entgegentraten »sagulis versicoloribus haud indecore iuvabantur,«[4]) daß die Germanen also ihre wollenen kriegsmäntel zu segeln zusammengenäht hatten, deren gebrauch man darum wohl kennen mußte. Von den den

---

[1]) Cf. den eingangs citierten bericht über die schiffe der gallischen Veneter (Caesar, De Bello Gallico. III, 13).
[2]) Boehmer, Nav. Arch. fig. 115.
[3]) Schultz, Höf. Leben II, fig. 97, 98, 101, 106.
[4]) Tacitus, Hist. V, 23.

Germanen benachbarten Kelten berichtet bereits Caesar, daß sie die kunst des segelns verstanden hätten.[1]) Rechnet man hinzu, daß auf den früher erwähnten bildern hochnordischer schiffe[2]) aus der jüngeren bronzezeit sich bereits deutliche spuren von mast und segel, wenn auch nur vereinzelt, finden, so ergibt sich mit bestimmtheit, daß der gebrauch der segel in altgermanischer zeit bekannt gewesen ist. Trotzdem mag ihre verwendung damals nur in begrenztem maße stattgefunden haben, weil ihr nutzen in den klippenreichen gewässern erst allmählich verstanden wurde.

Diese ergebnisse erfahren eine erwünschte bestätigung durch die sprachgeschichte: mast und segel sind gemeingermanische ausdrücke.

Zur regelung des kurses während der fahrt diente das steuerruder *(steor, steorrōdor, rōdor)*.

Während des ganzen altertums sowohl wie im mittelalter wurden die schiffe durch ruder gesteuert, die von den gewöhnlichen nur durch ihre größere länge und durch die breite des blattes verschieden waren. Mitten am steuerruder war ein loch, durch das ein tau ging, mit dessen hülfe das steuerruder an die rechte schiffsseite befestigt wurde, weshalb in allen germanischen sprachen diese als »steuerbord« bezeichnet wird, während die im rücken des das ruder lenkenden steuermannes liegende seite »backbord« (ags. *steorbord-bæcbord*) heißt. Das steuerruder war oben mit einem knopf versehen, unter dem sich eine viereckige öffnung in dem ruderhals befand, wo hinein die ruderpinne *(helma, steor-nægl)* gesteckt wurde.

Erst im 13. jh. ist unser festes steuerruder am achtersteven des schiffes eingeführt worden. Bei dem einen der altgermanischen im Nydamer Moor aufgefundenen fahrzeuge ist diese älteste steuervorrichtung noch gut erhalten. Sie besteht aus nichts als einem großen keulenartigen ruder an der rechten hintern schiffsseite, das auch zahlreiche abbildungen,[3]) sowie das bekannte

---

[1]) s. a. a. o. p. 4.
[2]) s. p. 3.
[3]) Von den bereits p. 26 erwähnten 4 englischen stadtsiegeln aus dem 13. jh. zeigt nur eins, das der stadt Poole, die neue steuerung am hintersteven, während die drei übrigen die seitliche steuervorrichtung aufweisen.

schiff von Gokstad aufweisen. In engen fahrwassern half man sich dadurch, daß man bald am vorder-, bald am hinterteile des schiffes steuerte.[1])

Wenn man ein schiff auf flottem wasser festlegen will, so kann dies nur mit hilfe eines ankers (*ancor*) geschehen. Die konstruktion desselben war früher im prinzip dieselbe wie noch heutigen tages. Von der benennung der einzelnen teile des ankers bei den Angelsachsen wissen wir nichts. Die ankertaue hießen *ancorrāp, bǣting, mǣrels;* die beiden letzten worte bezeichnen allerdings ganz allgemein taue zum festlegen eines schiffes. Das nördliche Europa lernte die verwendung des ankers durch die Römer kennen. Nach Caesar hatten schon die gallischen Veneter »ancorae pro funibus catenis revinctae«.[2]) Auf germanischem boden wurde ein eiserner anker bei den a. a. o. erwähnten booten im Nydamer Moor in Jütland gefunden.[3])

---

[1]) Cf. Tacitus, Germ. c. 44.
[2]) Caesar, De Bello Gallico III, 13.
[3]) Cf. Montelius, Kulturgesch. Schwedens, p. 196.

B. Sprachlicher Teil.

I. Die Namen der Schiffe.
scip.

Form: *scip, -es;* n.

Belege: nom. acc. sg. scaphum: scip W W. 46⁶; navis vel faselus: ∾ ib. 165³⁶; ratis: ∾ ib. 181¹⁶; scalpus: ∾ vel seigl ib. 181³⁶; navis: ∾ ib. 287²⁶; id. Aelf. Gr. Gl. 75¹³, 56¹¹; barca: ∾ W W. 535⁵; ib. 360¹⁰; carinam: ∾ ib. 377¹³; caraba: ∾ ib. 379¹⁹; puppis: ∾ odde steorsetl Aelf. Gr. Gl. 56¹⁰. For famig scip I and c nihta under roderum Gen. 1417; ne hie scip fered, naca nægledbord Rä. 59⁴; ongyn þe scip wyrcan Gen. 1302; þa he þæt scip beleac Gen. 1391; seomode on sale sid-fæþmed scip B. 302; sælde to sande sid-fæþme scip ib. 1917; sydþan he on warude wid-fæþme scip modig gemette An. 240; scip sceal genægled Gn. Ex. 94; dol bid se de gæd on deop wæter, se de sund nafad ne gesegled scip Sal. 225; an scip Chr. A. 1031; in scip Chr. 1135; swa eode he on scyp Bd. IV, 1¹⁷⁸ scyp astigan Lchdm. III 184¹³; ascendo navem: ic astige min scyp W W. 93²¹.

gen. sg. carina: scipes botm W W. 166⁵; nauclerus: ∾ hlaford ib. 166⁶; cimba vel carina: scipesbotm ib. 181³⁷; flori: scipesflor ib. 181⁴¹; flori, i tabulata navium: ∾ flor ib. 288⁴; carinae: ∾ ib. 376³³; on scipes bosme Gen. 1306; þa fandode fordweard scipes, hwæder sincende sæflod þa gyt wære under wolcnum Gen. 1436; on bearm scipes Exod. 375; B. 35; ib. 896; scipes heafod Chr. D. 1063.

dat. sg. to scipe B. 1895; Jul. 672; to scype By. 40, ib. 56; on scype Aelf. Tod. 19; on scipe Chr. E. 633; to scipe ib. 1069; ða wende he on scype agen Lk. Skt. VIII, 37; hig bicnodon hyra geferan ðe on oðrum scipe wæron ib. V, 7.

instr. sg. þa þe sæ seceað, mid scipe lidað Ps. 106²².

nom. acc. pl. rates: scipu WW. 165⁸⁷; classes: ∾ ib. 364²⁶; ofer dæne mægene oft scipu scriðende scrinde fleotað Ps. 103²⁴; scipu mid scealcum Wal. 31; gehydað heahstefn scipu ib. 13; on his dagum cuomon ærest III scipu Chr. 787; man sceolde ofer eall Angelcynn scipu feastlice wircean Chr. E. 1008; hie ne mehton þa scipu ut brengan Chr. A. 896; þa scipo Chr. E. 1009; þa metton hie XVI scipu wicenga Chr. A. 885; and IX scipu gefengon Chr. A. 851; he geseah twa scipu Lk. Skt. V, 2; gefyldon butu þa scipu ib. V, 7; oðre scypu comon In. Skt. VI, 23.

gen. pl. Aulixes mid hund scipa lædde ofer lagustream Met. 16; and þy ilcan geare cuom feorðe healfhund scipa Chr. 851; ða bugon to þam cyninge of þam here XLV scipa Chr. 1012; fela scipe Chr. E. 1070; hundeahtatig scipa ib. 1009.

dat. pl. carinis: scypum WW. 254²³; to scypon B. 1154; þa eode se here to hiera scipum Chr. 885; her for Cnut cyng of Englalande mid fiftig scipum to Norwegum Chr. E. 1028; to ðam oðrum scipon Chr. E. 1009; to scipan ib.; to scypon Chr. D. 1050; æfter ðam scypum ib.; þæt we on sælade scipum under scealcum ... brecað ofer bæðweg An. 512.

Composita: 1. *scip* als zweites glied von compositis.

ǣrend-scip [ǣrende: nuntium, mandatum, negotium] navis.

Belege: scapha: ærendscip WW. I 63⁸¹ (cit. nach B.-T. Suppl).

cēap-scip navis mercatoria: handelsschiff.

Belege: ælc ceapscip frið hæbbe Ges. II Atr. 2; hi wicingas wurdon and sona æt anum cirre an C and eahtatig ceapscipa gefengon Ors. Swt. 116⁴.

fierd-scip, fyrd-scip bellica navis: kriegsschiff.

Belege: gyf hwa folces fyrdscip awyrde Ges. VI Atr. 34; þæt man æghwilce geare sona æfter eastron fyrdscipa gearwige Ges. VI Atr. 33.

flot-scip barca, celox: seeschiff.

Belege: barca: flotscip W W. 181[27]; celox: ∾ W W. 181[39]; barca: ∾ ib. 287[29]; liburnas: flotscipu ib. 430[26].

for-scip prora: vorderteil des schiffes.

Belege: prora: ancersetl vel forscip W W. 166[14].

hlæst-scip oneraria: lastschiff.

Belege: honeraria: hlæstscip W W. 25[41].

horn-scip navis rostrata.

Belege: þæt ðu us gebrohte brante ceole, hea hornscipe ofer hwæles edel on þære mægðe An. 274.

hȳd-scip seeräuberschiff.

Belege: myoparo: hiðscip W W. 181[26]; myoparo: hydscip ib. 450[31].

lang-scip navis longa: kriegsschiff.

Belege: þa het Aelfred cyng timbran langscipu ongen ða æscas Chr. A. 897. (cf. isl. lang-skip).

pleg-scip kleines schiff, yacht.

Belege: parunculus: plegscip W W. 181[40].

swift-scip schnellsegelndes schiff.

Belege: archiromacus: swiftscip W W. 181[25].

trog-scip eine art boot.

Belege: littoraria: trochscip W W. 289[17]; id. W W. 166[4]; littoraria vel tonsilla: trohscip ib. 181[34].

unfrid-scip 1. feindliches schiff.

Belege: þam cynge com word þæt unfrid-scipa (unnfrið scipa Erl.) lægen be westan and hergodon Chr. E. 1046.

2. ein zu einem feindlichen lande gehöriges schiff.

Belege: ælc ceap-scip frið hæbbe, ðe binnan muðan cuman, deh hit unfriðscyp sy, gyf hit undrifen bið Ges. II Atr. 2.

2. *scip* als erstes -glied von compositis.

scip-bime, -an; f. schiffstrompete.

Belege: classicam tubam: scipbȳman Germ. 391[45].

scip-broc, -es; n. strapazen, mühen der seereise.

Belege: s. Blickl. Homl. 173[6].

scip-brucol adj. schiffbruch verursachend.

scip-bryce, -es; m. schiffbruch.

Belege: s. Dip. Angl. Th. 421[33].

scip-drincende adj. schiffbrüchig.

scip-cræft, -es; m. streitkräfte zur see.

Belege: s. Chr. D. 1048.

scip-fæt, -es; m. gefäß in schiffsform.

Belege: s. W W. 124⁸.

scip-farend, -es; schiffer, seemann.

Belege: s. Bd. III, 15¹⁶⁶⁶.

scip-ferend, -es; m. navigator.

Belege: s. An. 250.

scip-flota, -an; m. nauta: seemann.

Belege: s. Aedelst. 11.

scip-fird, -e; f. expedition zur see, flotte.

Belege: s. Chr. E. 1009; ib. 1071; ib. 1091; Dip. Angl. Th. 333²⁰.

scip-firdung, -e; f. schiffswehr.

Belege: s. Chr. E. 999; Ges. VI Atr. 32⁸.

scip-fordung, -fyrdung, -e; f. schiffsrüstung.

Belege: s. Ges. II Cn. 10.

scip-fyllep die private gerichtsbarkeit über eine gruppe von 300.

Belege: s. Cod. Dip. Kmble VI 240²¹⁻⁸².

scip-fyrdrung, -e; f. schiffsrüstung.

Belege: s. Ges. V Atr. 27.

scip-gebroc, -es; n. schiffbruch.

Belege: s. Ors. Swt. 50¹⁹; Past. Swt. 403¹²; ib. 467²⁴.

scip-gefeoht, -es; n. seeschlacht, seekrieg.

Belege: s. Germ. 389⁴².

scip-gefere (?), *-es;* n. fahren zu schiff, segeln, schiffahrt.

Belege: s. Bd. II, 20¹⁸⁶⁸.

scip-getawu, -e; f. schiffsausrüstung.

Belege: aplustre: geredru vel scipgetawu W W. 181²⁴.

scip-gild, -es; n. steuer zur unterhaltung einer flotte.

Belege: s. Dip. Angl. Th. 307²⁴.

scip-hamer, -es; m. signalhammer auf schiffen, mit welchem den ruderern zeichen gegeben wurden.

Belege: portisculus vel hortátor remigum: sciphamor W W. 167[6].

scip-here-lic adj. eine flotte betreffend.

scip-hlǽder, -e; f. schiffsleiter, die die verbindung zwischen land und schiff herstellte.

Belege: ponsis: sciphlædder W W. 182[11]; pons: ∾ ib. 288[19].

scip-hláford, -es; m. nauclerus: schiffsherr.

Belege: s. W W. 181[21].

scip-here, -es; m. 1. classis: flotte.

Belege: s. W W. 205[20]; ib. 311[37], 364[25], 539[32]; Ges. II, Atr. 1; Deut. XXVIII[68]; Bd. I, 12[678]; Chr. A. 885; ib. 875; Bd. I, 12[638]; Chr. A. 894; Chr. 1001; Bt. 34[2]; Ors. Swt. 96[25].

2. exercitus navalis: schiffsheer.

Belege: s. B. 243; Met. VIII[31]; Chr. A. 882.

scip-hlǽst, -es; m. 1. gesamtheit der (streitbaren) besatzung eines schiffes.

Belege: s. Ors. Swt. 178[32]; Chr. A. E. 882; ib. 833; ib. 837; ib. 840; ib. 875.

2. lastschiff.

Belege: honeraria: sciplæst W W. 289[1]; id.: scyphlæst ib. 417[19].

scip-incel, -es; n. navicula: kleines schiff.

Belege: carabus: scipincel W W. 166[8]; ib. 289[16]; navicula: scippincel W W. 181[17].

scip-lád, -e; f. reisen zu schiff, schiffahrt.

Belege: s. Bd. III, 15[1690].

scip-lic adj. eine flotte betreffend.

scip-lidend, -es; m. seefahrer.

Belege: s. Shrn. 85, 30—86[2]; Bd. V, 9[947].

scip-lidende adj. zu schiff fahrend.

scip-mǽrels s. unter mǽrels.

scip-mann, -es; m. nauta, navarchus: seemann, kapitän.

Belege: s. Hymn. Surt. 6[26]; W W. 456[26].

1. einer von der schiffsbesatzung.

Belege: s. Bd. III, 15[17,22]; St. And. 44[4].
  2. einer der auf handelsreisen zur see fährt.
Belege: s. WW. 145[28].
  scip-räp, -es; m. rudens: schiffstau.
Belege: s. WW. 167[10]; ib. 182[28]; Ors. Swt. 18[3]; ib. 18[18].
  scip-rēdra, -an; m. ruderer: seemann.
Belege: s. St. And. 38[82]; Germ. 389[89].
  scip-röder, -es; n. s. unter *röder*.
  scip-rōwend, -es; m. ruderer, seemann.
Belege: s. WW. 455[14].
  scip-ryne, -es; m. wasserlauf, kanal für schiffe.
Belege: s. Dip. Angl. Th. 341[16].
  scip-setl, -es; n. sitz oder bank für die ruderer.
Belege: transtra: scipsetl WW. 166[16]; id.: ∾ and þoftan ib. 289[21].
  scip-sōcn, -e; f. die private gerichtsbarkeit über eine gruppe von 300.
Belege: s. *scipfylleþ*.
  scip-stĕal(l) platz für ein schiff.
Belege: on scipsteal Cart. Sax. B. III 316[16].
  scip-steora, -stȳra, -an; m. gubernator, proreta: steuermann, lotse.
Belege: s. Bt. 144[28]; Past. Swt. 59[1].
  scip-stĕorra, -an; m. der Polarstern.
Belege: s. Lchdm. III 270[80].
  scip-tĕora, -tĕara, -tara, -tera, -an; m.: *-ter, -tĕoro(u), -tĕaru;* gen. *tĕaros;* n. bitumen: schiffsteer (s. Sievers, Ags. Gr. § 249 a. 4).
Belege: s. WW. 359[88]; ib. 195[1], 502[16], 506[81]; Lchdm. II 66[8]; ib. II 126[8], II 326[14], 122[7], 124[10]; Shrn. 91[7].
  scip-toll, -es; m. schiffszoll.
Belege: s. WW. 182[18].
  scip-wĕalh; gen. *wĕales* m. ein diener, dessen dienst mit schiffen verbunden ist.
Belege: s. Cod. Dip. Kmble III 450[19].
  scip-wĕard, -es; m. navis custos, nauta.
Belege: s. An. 297.
  scip-wĕorod, -es; n. die besatzung eines schiffes.

Belege: s. WW. 451[17].
scip-wise, -an; f. die bauart, gestalt, form eines schiffes.

Belege: s. Ex. II[8]; Nar. 11[20].
scip-wyrhta, -an; m. schiffbauer, schiffszimmermann.

Belege: s. WW. 112[5].

Etymologie: Das wort ist gemeingermanisch: ae. *scip* (me. *schip, ship,* ne. *ship*); an. as. afr. *skip* (dän. *skib,* schwed. *skepp*); got. *skip;* mnl. *schip (schep);* holl. *schip;* ahd. *scif, scëf;* mhd. *schif.* Ein abgeleitetes vb. ist ae. *scipian* 'ein schiff ausrüsten, bemannen, sich einschiffen'= an. *skipa* 'ein schiff ausrüsten', norw. vdial. *skipa* 'bemannen, einschiffen'. Aus dem deutschen ist das wort ins roman. gedrungen und zwar gehen it. *schifo,* span. port. *esquife,* frz. *esquif* 'boot' vom ahd. aus, während afrz. *esquiper* (nfrz. *équiper*) ndd. lautstand zeigt. Aus dem an. stammt das finn.-lapp. lehnwort *skipa, skippa* (Thomsen, p. 170).

Die etymologie des wortes ist noch ganz unsicher. Graßmann, K Zs. XII: 108 nimmt begriffliche und lautliche übereinstimmung von gr. $\sigma\varkappa\acute{a}\varphi\text{-}\eta$, $\sigma\varkappa\acute{a}\varphi\text{-}o\varsigma$, $\sigma\varkappa\alpha\varphi\text{-}\iota o\text{-}v$, $\sigma\varkappa\alpha\varphi\text{-}\iota\varsigma$[1]) in den bedeutungen 'schaff (hohles gefäß), schiff, schiffchen' sowohl mit as. *skap,* an. *skap-r,* ahd. *scaf* 'schaff', als auch mit ags. etc. *scip* an, indem er für die letzte sippe an die entwicklung eines sekundären *i* glaubt. Die gleiche ansicht findet sich auch bei Fick, Et. Wb.[8] II: 267 und III: 336, der indessen — ebenso wie Lottner, K Zs. XI: 202 — auch lat. *scabo* zu **skap* stellt, während Graßmann einen zusammenhang dieser wörter leugnet.

Es ist jedoch vielmehr davon auszugehen, daß die germ. formen des wortes mit *ë* jüngere, sekundäre nebenformen sind, und daß wir es mit ursprünglichem *i* zu tun haben (cf. Paul, P B B. VI: 83), so daß also weder zu *schaff* noch zu den angeführten gr. wörtern ein ablautsverhältnis besteht. Darum setzt Uhlenbeck, P B B. XXVII: 131 und nach ihm Falk-Torp, Et. Wb. II: 176 eine zu dem oben erwähnten **skab, *skabh* synonyme

---

[1]) Zu $\sigma\varkappa\acute{a}\pi\text{-}\tau\omega$ von der wz. $\sigma\varkappa\alpha\pi$- als deren grundbedeutung 'aushöhlen' anzusetzen ist.

wz. *skeibh¹) 'hauen, aushauen, schneiden' an (vgl. lett. schkibiht 'hauen, schneiden'), deren ableitungen eine entsprechende bedeutungsentwicklung zeigen, so daß *schiff* eigentlich das ausgehöhlte, ein ausgehöhlter baumstamm ist (cf. *bāt*).

Kluge, Et. Wb.: 323, Frank, Et. Wb.: 850 f., Grimm, D. Wb. IX, 53; Heyne: 349 halten uralte entlehnung aus einer fremden, nicht bekannten sprache für möglich.

*s n a c c.²)

Form: *snacc, -e;* f (?)

Bedeutung: kleines schnellsegelndes kriegsschiff.

Belege: gen. pl. þa let Eadward cyng scypian XL snacca Chr. C. D. 1052.

dat. pl. he for to Scotlande mid XII snaccum Chr. D. E. 1066.

Etymologie: Ags. *snacc 'kriegsschiff', ahd. *snacga, snaga* 'eine art schiff, navis rostrata liburna', md. *snacke* (Schade, Ad. Wb.²: 836). Verwandt sind an. *snekkja* 'eine art fahrzeug'; dän. *snekke*, schwed. *snäcka* (veraltet, aber wieder aufgenommen zur bezeichnung der fahrzeuge der alten Nordleute); mnd. nnd. *snicke*; holl. *snik* 'kleines boot'; mhd. *snecke*.

Die grundbedeutung des wortes ergibt sich aus ostfrs. *snikke, snik* 'ein leichtes, langes und spitz zulaufendes fahrboot für binnenkanäle' (ten Dornkaat). — Davon afrz. *esneque, esneche* 'geschnäbeltes schiff' (s. Diez, Et. Wb.⁵: 575).

Lautlicher zusammenhang mit ahd. *snahhan* 'gleiten, schliefen, schleichen, schlüpfen, kriechen ist nicht mit unrecht vermutet worden. Das gleichbedeutende ae. *snican* ist hingegen fernzuhalten.

d u l m ū n.

Form: *dulmūn* m.; gen. pl. *dulmūna*.

Bedeutung: navis longa: kriegsschiff.

Belege: acc. sg. ær he (Ercol) ongan mid Creaca scypum, ðe mon dulmun(us) hæt, ðe man segþ ðæt an scip mæge an þusend manna, Ors. Swt. I, 10.

gen. pl. He (Xerxis) hæfde scipa ðæra mycclena dulmuna an M and II hund, Ors. Swt. II, 5.

---

¹) seitenform zu *skeip (in aisl. *skifa*, ahd. *sciba* 'scheibe'). Vgl. Zupitza, Germ. Gutt.: 156.

²) nom. unbelegt.

Etymologie: Das wort ist offenbar ein lehnwort. Lat. *dromo₁ -ōnis* (wahrscheinlich aus gr. δρόμων) ist ein terminus für *navis longa* und bezeichnet genauer ein schnellruderndes schiff (cf. auch Du Cange III: 196). Andere vermuten, freilich wohl mit unrecht, ableitung des ags. wortes aus dem isl. *drómundr*, das von Vigfusson, Icel. Engl. Dict. zu den oben genannten lat. u. gr. bezeichnungen, sowie zu ahd. *drahemond* gestellt wird. Pogatscher, Lautl. weist das wort nicht auf.

æsc.

Form: *æsc, -es;* m.

Bedeutung: 1. navis, navigium, dromo (zur bezeichnung der Wikingerfahrzeuge gebraucht).

Belege: dromo: æsc W W. 287[81]; id.: ∾ vel bard ib. 181[29]; cercilus: ∾ W W. II 103[56] (cit. nach B.-T. Suppl.); cercylus: ∾ ib. II. 14[16].

dat. pl. da Deniscan leode on Nordhymbra lande gelendon mid æscum Homl. Skt. 32[81].

acc. pl. þa het Aelfred cyng timbran langscipu ongen đa æscas Chr. 897.

2. esche (ursprüngliche bedeutung).
3. speer mit eschenem schaft.
4. die rune æ.

Belege zu 2, 3 und 4 siehe B.-T., Suppl. und Grein, Sprachschatz I: 58.

Composita:

æsc als erstes glied von compositis.

æsc-berend m. hastifer.

Belege: s. An. 47; ib. 1076; ib. 1537; Gen. 2041.

æsc-here m. exercitus hastifer.

Belege: s. By. 230; B. 330.

æsc-man, -mann, -es; m. nauta, pirata.

Belege: s. Chr. A. 921; Cod. Dip. Kmble VI 100[7]; W W. II 68[18].

æsc-plega, -an; m. pugna hastarum.

Belege: s. Jud. 217.

æsc-róf adj. strenuus pugnae hastarum,

æsc-stede m. schlachtfeld,

Belege: s. Mōd. 17.

æsc-lir m. gloria belli.

Belege: s. Gen. 2153.

æsc-wiga m. bellator hastifer.

Belege: s. El. 259.

Etymologie: Ags. *æsc;* me. *asch, esch, assch;* ne. *ash;* an. *askr,* dän. *ask,* schwed. *ask;* ahd. *asc,* mhd. *asch* (nhd. dial. *asch* 'schachtel'), nhd. *esche;* mnd. *asch* und *nasch* (Schiller-Lübben, Mnd. Wb. I: 133), mnl. *esche.* Verwandte des germ. **aska-* in den übrigen idg. sprachen sind: alb. *ah* (aus **aska*) 'buche' (s. G. Meyer, B B. VIII: 186); arm. *haçi* aus *askhio-* (Hübschmann, Arm. Gr. I: 465); gr. ὀζύη 'blutbuche, lanze' liegt abseits, ebenso lat. *aesculus* 'wintereiche'. Cf. P B B. XXVI: 295; Kluge, Et. Wb.: 93; Falk-Torp, Et. Wb. I: 26; Schrader, Reallexikon; Hübschmann a. a. o; Walde, Et. lat. Wb.: 437; Schrader, Sprachvergleichung[2]: 398.

Als grundwz. setzt Falk-Torp idg. **os* an, wozu lat. *ornus* 'bergesche, spieß' (aus **osinos*),[1]) kymr. *onnen* (urkelt. **osnā*) 'esche', aslav. *jasenŭ* (von *ôsɔnọ-*), lett. *ōsis,* preuss. *woasis,* russ. *jásenĭ,* lit. *ū́sis* in gleicher bedeutung. Cf. noch Berneker (s. asenz).

Das holz der esche wurde frühzeitig für allerhand gerätschaften, werkzeuge und waffen sehr geschätzt. Besonders häufig wird der speer, daneben auch das schiff gemeingerm. kurz als 'esche' bezeichnet. Zur bedeutung vgl. auch mgr. ἀσκός, mlat. *ascus* 'kleines schiff' (Du Cange I: 430). Cf. Berneker (s. *ask*).

naca.

Form: *naca, -an;* m.

Bedeutung: navis, navicula: schiff, boot.

Belege: nom. sg. ne hie scip fered naca nægledbord Rä. 59[b]; sægeap naca B. 1896; heahstefn naca An. 266.

gen. sg. æt nacan stefnan Seef. 7; on bearm nacan B. 214; of nacan stefne An. 291.

dat. sg. on nacan tealtum Run. 21[2].

acc. sg. niw-tyrwydne nacan B. 295; þeah þe her min wine ..... nyde gebæded nacan ut aþrong Bo. 39 (instr?).

---

[1]) s. Fick, B B. XVI: 171; Solmsen, K Zs. XXXIV: 32 anm.

Composita: *naca* als zweites glied von compositis.

hring-naca navis rostro annuliformi instructa: beringtes schiff.

Belege: sceal hring-naca ofer heafu bringan lac ond luftacn B. 1862.

(vgl. *hringedstefna* B. 32; ib. 1898 und 1132, sowie an. *hringhorni*).

sǣ-naca navis.

Belege: onsite sæ-nacan Bo. 26.

Etymologie: Ae. *naca* (im späteren engl. ausgestorben) = an. *nǫkkvi*, as. *nako*, ahd. *nahho*, nhd. *nachen*, ndl. *naak*[1]) geht zurück — nach der gewöhnlichen annahme — auf ein urgerm. *naqan- (*nakan-).[2])

Nach einer sehr verbreiteten ansicht wäre germ. *naqan- aus *navan- entstanden und läge in der reihe skrt. *nâv-*, altp. *nâvijâ* 'flotille', *navâza-* 'schiffer', arm. *nav* (was aber auch aus dem pers. entlehnt sein kann),[3]) gr. ναῦς, lat. *nāvis*, ir. *nói*, an. *nór* und *naust* 'schiffsschuppen' (cf. auch got. *nóta* 'schiffshinterteil).

Die grundbedeutung faßt man gewöhnlich als 'das schwimmende, fließende' (zu lat. *nāre* 'schwimmen'). Wahrscheinlich ist wohl, daß *nâv-*, *nâvo-* ursprünglich nichts anderes als 'baum, baumstamm' bezeichnete oder vielleicht eine bestimmte baumart. Die sprachlichen zeugnisse davon lassen sich häufen.[4]) Tatsächlich scheint diese grundbedeutung 'ausgehöhlter baumstamm' sich noch in norweg. dial. *nô*, *nû* vorzufinden; (cf. Noreen, Urgerm. Lautlehre).[5])

---

[1]) Über nhd. dial. *achen*, nndl. *acke*, *aak* (wovon frz. *accon*) s. Grimm, D. Wb. V: 33, Kluge, Et. Wb. unter »*machen*«.

[2]) Es wechselten einst q und k; vgl. ahd. *quëh*, *nahhut* neben *quëc*, *nakkot*. Cf. Braune, Ahd. Gram.[2] §§ 96a. 2, 145a. 6; Zupitza, Die germ. Gutt.: 92.

[3]) Hübschmann, Armen.-Studien I: 45; Armen.-Gram. I: 17, 201.

[4]) s. z. b. Schrader, Sprachvergleichung und Urgeschichte[2], p. 403 f. Siehe auch unter *bât*, *æsc*.

[5]) s. zum ganzen: Schrader, Reallex. 711; Lidén, Studien: 34 und 31; Walde: 406; Grimm, Kl. Schriften III: 124; D. Wb. VII: 44 ff.; Kluge, D. Wb.: 266; Fick, Wb. I[4]: 94, 499, II[4]: 189, III[8]: 157; Bugge, PBB. XIII: 515; Noreen, Urgerm. Lautlehre: 167 f.; I. Schmidt, Voc. II: 287, K Zs, XXV: 20.

Bei dieser herleitung des wortes aber bietet der vorauszusetzende übergang von v > k erhebliche schwierigkeiten; er ist lautgesetzlich unerklärt. Darum hat Zupitza, Die germ. Gutt.: 92 eine andere anknüpfung zu finden gesucht: die ursprüngliche bedeutung von *nachen* sei etwa 'waschtrog'; es sei eine wz. *neiguh-* anzusetzen. Für das hierhergehörige in historischer zeit bereits spurlos verschwundene vb. *neqan-naq* hätten wir im germ. übertritt in die *e*-reihe anzunehmen.

Diese ansicht ist aber ebenso hypothetisch wie die von Goedel, Et. Wb.: 339 vertretene: Dem lat. *nix* < *snix* entsprechend sei in unserm worte ein anlautendes *s* geschwunden. Es käme von einer wz. *sna, snu* und gehöre zum vb. ahd. *snahhan* (Schade, Ad. Wb. 835 f.) s. *snacc*.

Sehr einleuchtend behauptet neuerdings Lidén, Studien z. ai. und vglch. Sprachgesch., p. 31 ff., die germ. sippe ae. *naca,* an. *nǫkkvi* etc. aus urgerm. *nagan (*nakan)* habe eine genaue entsprechung in ai. *naga-* 'baum, berg'; für beide sei ein idg. *noguo-* 'baum, wald, bewaldeter berg' vorauszusetzen.

bāt.

Formen: *bāt, -e;* f.: *-es;* m.

Bedeutung: linter, scapha, navicula: boot, kahn, kleines fahrzeug.

Belege: nom. sg. linter: bat WW. 181[15]; ib. 289[14]; id. Aelf. Gr. Gl. 44[1]; linter: baat WW. 30[28]; þes bat ... glided on geofone An. 496; flota wæs on ydum, bat under beorge B. 211; barca: bat OEGl. 1[5457]; ib. 4[91].

gen. sg. on bates ... Bo. 5; on bates fædm An. 444.

dat. sg. lembulo: bate Germ. 399[465].

acc. sg. lembum, naviculum, i. ratem: bat WW. 254[25]; lintrem: ~ ib. 435[30]; ib. 486[21]; lintrum: lytle bate ib. 435[18]; he bat gestag Gu. 1302; ic gebycge bat on sæwe Hy. 4[99]; hi wurpon hine on þone bat and reowan to scipe Chr. 1046.

Composita. 1. *bāt* als zweites glied von compositis.

mere-bāt m. navicula: seeboot.

Belege: on mere-bate An. 246.

sǣ-bāt seeboot.

Belege: ic on holm gestah, sæ-bat gesæt B. 633; sæ-bat

gehleod ... Wælses eafera B. 895; on sæ-bate An. 438; ib. 490.

wudu-bāt m. navicula lignea.

Belege: on wudu-bate An. 907.

2. *bāt* als erstes glied von compositis.

bāt-swān, *-es*; m. scaphiarius, proreta: bootsknecht. (*bāt* und *swān* 'knecht, diener').

bāt-wĕard, *-es*; m. naviculae custos: bootwart.

Belege: þam bat-wearde B. 1900.

Etymologie: Aus der älteren zeit haben wir nur ags. *bāt* (me. *boot*, ne. *boat*) und an. *bātr* (dän. *baad*, schwed. *båt*), das aus dem engl. entlehnt ist. Die echt an., mit ags. *bāt* identische form des wortes, ist *beit* 'schiff'. Auf früher entlehnung aus dem ags. beruhen ferner: it. *batto*, dem. *battello*, frz. *bateau*, span. *batel*, sowie cymr. *bâd*. Mnd. *bôt* n. auch m., mnl. *boot* f. können ihres vocales wegen erst aus dem me. übernommen sein.[1])

Falk-Torp, Et. Wb. führt den vorauszusetzenden germ. stamm **baita-* = idg. **bhoido-* zurück auf die wz. **bhid* 'spalten', die repräsentiert wird durch die gruppe: lat. *findo* 'spalte', skrt. *bhinádmi*, an. *bîta* = got. *beitan*, ags. as. *bîtan*, ahd. *bîzan* (nhd. *beißen*), so daß also das boot ursprünglich etwas ausgehauenes, aus einem baumstamm ausgehöhltes, einen einbaum bezeichnet.

Auf die wz. **bhid* 'findere' geht auch Lidén, Stud. z. ai. und vglch. Sprachgesch.: 34 sowie auch Kern, Tijdschrft. v. ned. taal- en letterk. XVII: 237 zurück, die aber die enge verwandtschaft zwischen ae. *bāt*, an. *beit* einer- und an. *biti* 'balken', arm. *pʻhait* 'baumholz' andererseits besonders betonen. Nach dieser ansicht würde also der gegenstand weniger seiner herstellungsweise und seiner form, als vielmehr dem material, aus dem er gefertigt wurde, seinen namen verdanken.

---

[1]) Franck, Et. Wb.: 131 ist freilich anderer ansicht: das holl. *boot* 'fahrzeug' beruhe wahrscheinlich nicht auf entlehnung aus dem me., sondern sei vielmehr zu identificieren mit mnl. *boot* f. 'tonne' aus afrz. *botte*, *bote*, *boute* f. Diese annahme hat, da wir für das eng verwandte ndd. unbedingt entlehnung annehmen müssen, wenig wahrscheinlichkeit. Viel eher ist, falls das ebenfalls belegte ae. bat f. auf falscher überlieferung beruhen sollte, geschlechtswechsel des aus dem me. entlehnten wortes im holl. unter dem einflusse des gleichlautenden und gewissermaßen bedeutungsverwandten *boot* f. 'tonne' anzunehmen.

c e o l.

Formen: *ceol, ciol, -es;* m.

Bedeutung: celox, navis: (schnellsegelndes) schiff.

Belege: nom. acc. sg. celox: ceol WW. 363^{87}; celox vel cilion, i. species navis, i. ceol vel stempingisern ib. 203^{81}; si adveniat ceol vel hulcus Ges. IV, Atr. 2; celox: ceol WW. 12^{29}; ib. 276^5; ciula: ceol ib. 205^6; ceol up geþrang B. 1912; bid his ceol cumen Gn. Ex. 97; þe bruntne ceol ofer lagu-stræte lædan cwomon B. 238; scealtu æninga mid ærdæge emne to morgene æt meres ende ceol gestigan An. 222; in ceol ib. 349; æfre ic ne hyrde þon cymlicor ceol gehladenne heahgestreonum ib. 361; ænig ... þara þe mid Andreas ... ceol gesohte ib. 380; on ceol ib. 899.

gen. sg. ofer ceoles bord Cri. 862; wolde feor þanon cuma collenferhd ceoles neosan B. 1806; An. 310.

dat. sg. in ceole Seef. 5; on ceole An. 450; of ceole An. 555; in þam ceole ib. 854; in sidum ceole Gn. Ex. 186; þær bid ceole wen sliþre sæcce .... þæt he scyle rice birofen weorþan, feore bifohten fæmig ridan yþa hrycgum Rä. 4^{25}; on ceole Rä. 19^4; from ceole ib. 34^2; on ceole M. 256.

inst. sg.: þæt du us gebrohte brante ceole ... ofer hwæles edel An. 273; hio ricsode on þæm iglonde, þe Aulixes cyning dracia com ane to ceole lidan Met. XXVI^{60}.

nom. acc. pl. ceolas stondad bi staþe Wal. 17; ceolas leton ... on brime bidan El. 250; he let him behindan hyrnde ciolas Met. XXVI^{28}.

dat. pl. on þrim ceolum Chr. E. 449; forþæm þæt is sio an rest eallra geswinca, hyhtlicu hyd heaum ceolum modes usses, meresmylta wic Met. XXI^{11}.

inst. pl. hie on flodes fædm ofer feorne weg, on cald wæter ceolum lacad An. 253; hwanon comon ge ceolum lidan ib. 256; we on laguflode ofer cald wæter ceolum lidan Cri. 852.

Composita:

Ceol als erstes glied eines compositums.

ceol-þelu, -e; f. [oder *þel* n? (Grein)] tabulatum navis, navis: schiffsdeck, schiff.

Belege: eom nu her cumen on ceol-þele Bo. 8.

Etymologie: Ags. *ceol;* as. *kiol;* mnd. *kêl;* an. *kjöll;* ahd. *kiol, keol;* mhd. *kiel* gehen zurück auf altgerm. *keula-.*[1])

Zu grunde liegt die wz. **geu̯, gū* »krümmen, biegen«, wozu gr. γύαλον 'wölbung', awsk. *kúla* 'geschwulst', ndd. *kūle* 'ausgehöhltes', arm. *kur* 'boot, becken' u. a. (s. Boisacq, Dict. ét. unter γύαλον; Lidén, Arm. Stud.: 117 u. 119). Das von vielen angezogene gr. γαυλός 'melkeimer, schöpfeimer; krug, bienenkorb', γαῦλος (od. γαυλός) 'kauffahrteischiff' kann, wenn es überhaupt ein echtes gr. wort ist,[2]) seines vocalismus wegen nicht hierhergestellt werden.[3])

Cf. noch Schade, Ad. Wb.² I: 490; Fick I⁴: 36, 406; Prellwitz, Et. Wb.: 57; Kluge, Et. Wb.: 195; Zupitza, Die germ. Gutt.: 145; PBB. IV: 322.

In ganz Niederdeutschland wird seit dem 16. jh. die ursprüngliche bedeutung 'schiff' aufgegeben, an deren stelle die noch heute herrschende 'schiffskiel' tritt. Diese verschiebung ist wahrscheinlich nordischem einflusse zu verdanken.

Ebenso ist auch der palatale verschlußlaut in ne. *keel* wohl auf rechnung des an. zu setzen, da ae. *ceol* regelrecht ne. **cheel* hätte ergeben müssen (cf. N E D).

hulc.

Form: *hulc, -es;* m. (?)

Bedeutung: oneraria navis: last-transportschiff.

Belege: sg. nom. liburna: hulc W W. 181²⁸; id.: ∽ ib. 287⁸⁰; si adveniat ceol vel hulcus Ges. IV Atr. 2.

Etymologie: Das wort war bereits in früher zeit den seevölkern des westlichen Europas geläufig, wie die reihe ae. *hulc* (me. *hulke,*[4]) ne. *hulk*); mnl. *hulke* f.; mnd. *holke* f., *holk, hulk* m.; ahd. *holcho* m. zeigt. Den ursprung dieser wortfamilie sucht man in mlat. *holcas, hulca, hulcum* (gr. ὅλκας) 'lastschiff (das gezogen wurde)'. s. Du Cange IV: 213, 261.

---

[1]) *kiula* ist, wie Liebich P B B. XXIII: 227 f. nachweist, überliefert.

[2]) Nach Lewy, Semit. Fremdwörter im Griech. 150 f. ist es phönikischen ursprungs.

[3]) Eine zusammenstellung der verschiedenen varianten versucht Wood, M L N. XIX: 1 f.

[4]) dem afrz. *hulque, hulke. hourque, houlque, hurque* f. entsprechend (Godefroy IV: 532).

Für das span. ptg. *urca* hält Diez, Et. Wb.[5]: 495 verwandtschaft mit lat. *orca* 'sturmfisch, tonne' für wahrscheinlich.

In der älteren zeit wurde das wort stets in seiner ursprünglichen bedeutung 'oneraria navis' gebraucht (s. a. a. o. p. 19). Erst in der neueren zeit erscheint es als bezeichnung eines alten, für seinen zweck nicht mehr gebrauchten schiffes, das als kaserne, werkstatt oder zu unterrichtszwecken dient.

scegð.

Formen: *scegð, scægð, sceigð, sceid, scǣd, -es;* m.: *-e;* f.

Bedeutung: (großes) schiff.

Belege: nom. acc. sg. trieris: scægð W W. 289[18]; scapha vel trieris: litel scip vel sceigð ib. 165[41]; trieris: sceiþ ib. 181[18]; liburnam (gl. navim): scehð Hpt. Gl. 406[51]; her bebead se cyng þæt man sceolde ofer eall Angelcynn scipu feastlice wircean; þæt is þonne [of] þrym hund hidum and of X hidon ænne scegð Chr. C. 1008 (scægð Ms. D.); ænne scegð Alfw.

gen. sg. ic gean minre scæde for minre sawle into Hramesege healfe ðam abbode and healfe þam hirede Dip. Angl. Th. 598[9].

dat. sg. syððan he to lande cymþ, ðonne forlæt he ðæt scyp standan; for ðam him þincþ syððan ðæt he mæge æð butan faran ðonne mid. Eaðre me þincþ ðeah myd scedþe on lande to farande, ðonne me þynce mid ðam eagum butan ðære gesceadwisnesse ænigne creft to geleornianne Shrn. 175[11—15].

nom. acc. pl. curuanas (?): scethas W W. 216[86].

Composita: *Scegð* als erstes glied von compositis.

scegð-man(n), -es; m. mitglied der besatzung einer *scegð,* ein seeräuber, Däne.

Belege: nom. acc. sg. pirata vel piraticus vel cilix: wicing vel scegðman W W. 111[26]; pirata: wicing oðde scegðman (sceigð-, scægð-, scæþ-) Aelfc. Gr. Gl. 24[9]; and hit secge an sceidman Ges. II Atr. 17; þæt wæs Leofwine æt Trome and Aegelsig þe Reada and Winsig Scægðman Dip. Angl. Th. 337[17].

Etymologie: Ae. *scægd, sce(i)gd,*[1]) *sceid (scehd, scæd, sced)*[2])

---

[1]) Über die schreibung *scægd, scegd,* statt *sceid* s. Sievers, Ags. Gram.[2] 6a. 1.

[2]) Die formen *scæd, sced* scheinen langen vocal zu haben, da nach dem ws. lautgesetz der palatal *g* wahrscheinl. unter dehnung des vorausgehenden

ein schiff von beträchtlicher größe', nicht 'ein kleines leichtes boot', wie gewöhnlich angenommen wird (cf. N S Ch. p. 128), beruht auf entlehnung aus dem an.: vgl. awsk. *skeid* 'schiff'. Das wort begegnet bereits ende des 10. jhs. und ist im ae. häufiger belegt. Trotzdem findet es sich im me. nicht, was vielleicht darauf beruht, daß es vorzüglich zur bezeichnung der Wikingerschiffe diente, s. Björkman, Dial. Prov., p. 9 fußnote 4. S. zum ganzen: Björkm., Skand. Loanw.: 5, 38, 123, 165, 283.

barþ.

Form: *barþ, -es,* m.

Bedeutung: schnelles ruder- oder segelschiff.

Belege: dromo: æsc vel barþ W W. 181[29].

Etymologie: Ae. *barþ* 'leichtes schiff' vermutlich aus awskand. *bard* n. 'bart, schiffssteven'. Dasselbe wort ist ags. *bĕard* (ne. *beard*), ahd. *bart* etc. Die germ. grundform ist **barda* — = idg. **bhorzdho* —, woher aslav. *brazda* 'furche', lit. *barzdà* 'bart', lat. *barba* (von **bharzdhâ*). Das aslav. *brada* 'bart' ist aus dem germ. entlehnt. Vgl. noch Pedersen, I F. V: 72 f.; Walde K Zs. XXXIV: 505.

Die grundbedeutung des wortes ist 'kante' zur idg. wz. **bhers* 'strotzen' (cf. *bord*). Das wort hat im engl. nur für kurze zeit kurswert gehabt; im me. findet es sich schon nicht mehr.

barda, barþa.

Form: *barda, barþa, -an;* m. rostrata navis: ein mit einem schnabel, haken oder einer krummen spitze versehenes schiff.

Belege: rostrata navis: barda W W. 289[12]; barþa Angl. VIII, 451.

Etymologie: Ae. *barda,* barþa 'rostrata navis' beruht auf einem awskand. worte *bardi,* das in keinem andern germ. dialekte eine entsprechung aufweist. Es bezeichnet eine besondere art von schiffen und ist unzweifelhaft abgeleitet von an. *barþ* 'bart, vordersteven eines schiffes' (s. d.), einem worte, das wohl ur-

---

vocals gechwunden ist (cf. Sievers, Ags. Gram.[3] § 214,3). Denn da das ergebnis der ostskand. monophtongierung ein geschlossenes *ē* war, so ist es höchst unwahrscheinlich, daß ae. *scēd* auf dieser ostskand. monophtongierung beruhen könnte. Dazu kommt, daß die bedeutung des ostskand. wortes nicht der des ae. entspricht, cf. Björkm. Dial. Prov. p. 9, fußnote 4.

sprünglich speciell den vorschießenden teil des stevens, nämlich den schnabel (*rostrum*) bezeichnete. Diese bedeutung ist in an. *barþi*, ae. *barda* noch deutlich zu erkennen.

cněar.

Formen: *cněar(r)*, *-es*, m.

Bedeutung: navis; septentrionalium naves: schiff; besonders zur bezeichnung der fahrzeuge der Nordleute gebraucht.

Belege: nom. sg. cread cnear on flot, cing ut gewat, on fealone flod feorh generede Aeđelst. 35.

Composita: *cněar* als zweites glied eines compositums.

nægled-cněar navis clavata: mit nägeln beschlagenes schiff.

Belege: inst. pl. gewitan him þa Nordmenn nægled-cnearrum Aeđelst. 53.

Etymologie: Ae. *cněar(r)* 'kriegsschiff' geht zurück auf awsk. *knǫrr*, adän. *knarr* 'calcar'; *ěa* ist nach Björkm., Skand. Loanw.: 215 dem einflusse der ws. orthographie zuzuschreiben.

trog.

Form: *trog*, *-es*; m. 1. ein trogartiges ding, ein boot.

Belege: he wæs biddende anes lytles troges, đæt he mehte his feorh generian Ors. Swt. 84[15].

2. alveus, genus vasis: trog, gefäß (eigentliche bedeutung).

Belege: s. B.—T.

Composita: 1. *trog* als zweites glied eines compositums.

win-trog, weinpresse.

Belege: s. Mt. Skt. 21[33].

2. *trog* als erstes glied von compositis.

trog-hrycg hügel, auf dem ein trog mit wasser steht (?)

Belege: s. Cod. Dip. Kmble III, 79[17].

trog-scip, *-es*; n. eine art boot.

Belege: s. unter *scip*.

Etymologie: Ags. *trog, troh*; me. *trogh, trough*; ne. *trough* entspricht ahd., mhd. *troc (g)*; an. *trog*, dän. *trug*, schwed. *tråg*; holl. *trog*, mnd. *troch*. Das vorauszusetzende germ. **troga-*, aus welchem die sippe von it. *truogo* 'trog' entlehnt ist (Diez, Et.

Wb.: 408), beruht auf idg. *druko-,[1]) das man mit recht aus dem idg. stamme dru (dreu̯, deru) 'baum, holz', skrt. dâru (dru) in gleicher bedeutung, gr. δόρυ, nhd. teer etc. ableitet (cf. Uhlenbeck, Ai. Wb.: 124).

In grammat. wechsel zu der obigen sippe steht ahd. truha 'truhe, kiste'. Verwandt ist ferner ahd. trucka (nhd. dial. trucke) 'kiste' und ndd. trügge 'trog' (Falk-Torp II: 382).

Über das verhältnis von ae. trīg, ne. tray zu trog handeln Holthausen, I F. XVII: 294; Lidén, ebenda XVIII: 413.

Das wort bezeichnet ursprünglich ein aus einem baumstamm gehauenes holzgefäß, das verschiedenen zwecken diente. Wegen der ähnlichkeit mit den wasserfahrzeugen der älteren zeit, sowohl in der form als auch in der herstellung, wurde der name 'trog' in der nautik auf diese übertragen.

punt.

Form: punt.

Bedeutung: trabaria: kleines, flaches boot.

Belege: pontonium: punt W W. 166[2]; caudex: ∾ ib. 181[81]; trabaria, i. caudex: ∾, i. pontonium ib. 287[33].

Etymologie: Punt aus lat. ponto beruht auf alter volkstümlicher entlehnung. Diese muß bald nach der einwanderung in Britannien erfolgt sein, da durchaus keine wahrscheinlichkeit für bereits wgerm. übernahme des wortes vorliegt. Eine bestimmte datierung ist indessen nicht möglich.

Betreffs des überganges von o zu u im ae. s. Bülbring, Ae. Elementarbuch § 125 und anm.; Sievers, Ags. Gram. § 70; Pogatscher §§ 163, 166—7.

cræft.

Form: cræft, -es; m.

Bedeutung: 1. navis qualiscunque: irgend eine art schiff.

Belege: dat. sg. gif mæssere geþeah ðæt he ferde þrige ofer wid-sæ be his agenum cræfte, se wæs ðonne syððan þegenrihtes weorþe Ges. Geþyncdo 6.

acc. sg. ic æfre ne geseah ofer ydlafe on sæleodan syllicran cræft An. 500.

---

[1]) cf. Osthoff, Et. Parerga, p. 155.

2. vis, robur, potentia.
3. ars, peritia, artificium, occupatio, opus.
4. astutia, machinatio, scientia, facultas, virtus.

Belege zu 2, 3 und 4, sowie die zugehörig. composita s. bei B.-T.

Etymologie: Siehe Falk-Torp, Et. Wb. I: 408; Franck, Et. Wb.: 506; Grimm, D. Wb. V: 1931 ff.; Kluge, Et. Wb.: 212, NED. II: 1128.

Bedeutungsentwicklung: Die ursprungsbedeutung, die in den übrigen altgerm. dialekten bewahrt ist, ist 'kraft, gewalt, menge, fülle'. Der übergang zu 'geistige fähigkeit, kunst, list, geschick' scheint ausschließlich englisch zu sein, sowie auch der gebrauch des wortes für 'boot, schiff', worüber eine zuverlässige erklärung nicht zu geben ist. Sehr wahrscheinlich klingt, was im NED II: 1128 gesagt ist: »... the expression is probably elliptical, the sense being = vessels of small craft, i. e. small trading vessels, or of small seaman's art ... The want in English of any general collective term for all sorts of 'vessels for carriage' naturally made craft a useful stop-gap.«

rēwet.

Form: rēwet(t), -es; m. n. (?)

1. navigium: schiff, kahn.

Belege: gen. sg. lætad þæt nett on þa swiðran healfe þæs rewettes In. Skt. 21[6]; he het wurpan þæt net on da swiðran healfe þæs rewetes Homl. Th. II 290[11].

2. navigium: das rudern.

Belege: s. WW. 94[10]; Homl. Th. I 162[10]; ib. II 384[25].

Etymologie: rēwet (aus *rōwatja-) ist ableitung vom starken vb. rōwan und gehört wie die andern ableitungen auf -et zu den starken ja-stämmen (Cf. Sievers, Ags. Gr. § 248,2).

þurruc.

Form: þurruc.

1. navicula: kleines schiff.

Belege: cumba vel caupolus: þurruc WW. 181[35].

2. der kielraum eines schiffes, bilge?

Belege: se æften-stemn: puppis; þurruc: cumba (cf. scipes-botm: cimba vel carina WW. 181[37]); bytme: carina 181[37]; scipesflor: tabulata navium WW. 288[1—4].

Etymologie: Ags. *purruc* entspricht mnd. *dork* 'kielraum, in dem sich die unreinlichkeiten sammeln' (holl. *durk*, älter *dorrick*). Aus dem ndd. stammen dän. *dörk* 'kleines querdeck im schiff', ält. dän. *törk*, schwed. *durk*.

Falk-Torp, Et. Wb. stellt das wort zu got. *pairkô*, indessen wohl zu unrecht. Got. *pairkô*, wozu *pairh* 'durch' und mit ablaut ags. *purh*, *perh*, as. *thurh*, afr. *thruch*, ahd. *durh* etc. in derselben bedeutung weisen auf eine idg. wz. **tereq*. Viel eher aber scheint ags. *purruc* auf die wz. *tuer-* 'zusammenfassen, häufen' zurückzugehen, wozu auch lat. *turris* 'turm, schloß, palast', *obturāre* 'verstopfen', gr. τύρρις, τύρσις (Prellwitz²) etc. gehören. Über das gebiet der wz. *tuer-* s. Walde, Et. Wb. unter *turris*, *obturāre*, *torus*.

cuopel.

Form: *cuopel*, gen. *cuople*; f. (?).

Bedeutung: navicula: kleines schiff.

Belege: dat. sg. in lytlum scipe vel in cuople Mt. Skt. VIII, 23 (in naviculam).

Etymologie: Das wort findet sich im engl., lat. und kelt.: ags. (altnorth.) *cuopel*, ne. *coble*, lat. *caupulus, -ilus*,[1]) welsch *ceubal*, *ceubol* 'fährboot, fähre, leichter, skiff', bret. *caubal*. Wo das wort seine heimat hat, ist strittig. Trotz Holder, Sprachsch. I: 869 mag es sehr wohl im kelt. beheimatet sein und die wz. *ceu- cau-* 'höhlen' enthalten. Von hier aus wird es ins lat. und ae. entlehnt sein.

Die altnorth. form, wenn korrekt, ist nicht die direkte verwandte der heutigen (*coble*). Vgl. im übrigen das N E D. s. *coble*.

fær.

Formen: *fær*, gen. *færes*, dat. *fære*; pl. nom. acc. *faru*, gen. *fara*, dat. *farum*; n: *fær*. gen. dat. acc. *fære*; pl. nom. gen. acc. *fara*, dat. *farum*; f. (?).

1. vehiculum, navis: fahrzeug.

---

[1]) beschrieben von Isidor (Orig. XIX 1, 25) als »lembus, navicula **brevis**, quae alia appellatione dicitur et cymba et caupolus (v. r. caupilus, -ulus«), s. auch Du Cange II: 256.

Belege: nom. sg. þær æt hyđe stod hringed-stefna isig ond ut-fus, æþelinges fær B. 33.

dat. sg. of fere Gen. 1544; fære ne moston wæglidendum wætres brogan hæste hrinon Gen. 1394.

acc. sg. þu þæt fær gewyrc Gen. 1307; geseah þa ymb wintra worn wærfæst metod ... fær Noes. Gen. 1323; siđđan nægledbord, fær selesta flod up ahof Gen. 1419.

2. iter, expeditio bellica.

Belege: s. B.-T. und Grein, Sprachsch. I: 271.

Composita: *fær* als zweites glied von compositis.

ād-fær iter rogi : fahrt, weg zum scheiterhaufen.

Belege: s. B. 3010.

ge-fær profectio, expeditio: fahrt, heer.

Belege: s. Ph. 426; El. 68.

in-fær ingressus: eintritt, eingang.

Belege: s. Genes. III[84]; Homl. Th. I 178[2], 28[13].

ofer-fær transmigratio.

Belege: s. Mt. Skt.

Etymologie: Vom stvb. VI *faran* abgeleitet. Verwandte von *fær* innerhalb des germ. sind ahd. adj. *far*, n. — 'überfahrt, landeplatz, hafen', aisl. *far* n. 'fahrzeug' etc.

emfar.

Form: *emfar*.

Bedeutung: kleines schiff.

Belege: circilo, i. navicula: mid emfare Ald. laud. virg. 669.

Etymologie: Ae. *emfar* ist ἅπαξ λεγόμενον. Es ist offenbar ein compositum, dessen erstes glied *em-* = *emb* 'um, herum, ringsum' ist, welch letzteres entweder die kentische oder die unbetonte form von *ymb* ist. Der zweite bestandteil des wortes ist wohl identisch mit ae. *fær* 'fahrzeug' (s. d.), das in nebentoniger stellung häufig als *far* erscheint.

ced.

Form: *ced* (?).

Bedeutung: linter: boot.

Das wort ist nur einmal belegt und zwar in der hs. H eines glossars zu Aldhelms »De laudibus virginitatis«. Die übrigen hss. zeigen statt dessen *ceol*, weshalb Napier, OEG. 28 anm, wohl mit recht *ced* für eine falsche lesart von *ceol* hält.

fleot.

Form: *fleot, -es;* m. (B.-T.). Von dem NED. wird das wort als stf. angesetzt, da im frühm. feminine formen begegnen (s. die belege bei Mätzner, Ae. Wörterbuch II).

Bedeutung: ratis, navis.

Belege: acc. sg. ic gebycge bat on sæwe, fleot on farode Hy. IV[100].

Etymologie: Ae. *fleot* — afr. *flêt,* mnl. *vliet,* mnd. *vlêt,* mhd. *vliez,* an. *fljót* entsprechend — ist vom praesensstamme des gemeingerm. stvb. II ae. *fleotan* abgeleitet. Ae. *fleotan* entspricht afr. *fliāta,* as. *fliotan,* mnl. holl. *vlieten* 'fließen', ahd. *fliozzan* 'schwimmen, fließen', an. *fljóta* in ders. bedeutung. Im got. ist das vb. nicht belegt.

Die germ. wz. **fleut-, *flut-* aus vorgerm. **pleud-, *plud-* stimmt zu lett. *pludèt* 'obenauf schwimmen', *pludi* 'flut, überschwemmung', lit. *plústi* 'ins schwimmen geraten', *plúdis* 'schwimmholz am netze'. Die wz. **plud* ist wohl eine erweiterung einer grundwz. **plu* (s. Fick I[4], p. 86), welche enthalten ist in gr. πλέω 'schiffe, schwimme', skr. *plu-, pru-* 'schwimmen', lat. *pluere* 'regnen'. Weitere anknüpfungen bei Walde, Et. Wb., p. 476.

flȳte.

Form: *flȳte, -es;* n.

Bedeutung: pontonium: boot.

Belege: flyte: pontonium WW. 181[30]; ib. 287[32].

Etymologie: Von demselben stamme abgeleitet wie *fleot* (s. d.).

flota.

Form: *flota, -an;* m.

1. navis, classis: schiff, flotte.

Belege: nom. sg. clas[s]is: flota WW. 13[26]; id.: ∾, sciphere ib. 364[25]; flota fami-heals B. 218; flota wæs on ydum B. 210; flota stille bad B. 301; flota stonded Gn. Ex. 96; þa ofer þone midne sumor com þa se Denisca flota to Sandwic Chr. E. 1006; næs se flota swa rang ib. 975; se flota eall gecuron Cnut to cyninge ib. 1014.

dat. sg. her com Aedelwald hider ofer sæ mid þæm flotan Chr. A. 904; on þam ilcan geare to foran þam monde Augustus com Swegen cyning mid his flotan to Sandwic Chr. E. 1013.

acc. sg. flotan cowerne B. 294; flotan userne An. 397.
dat. pl. mid þam flotan þe on Temese wæron Chr. E. 1013.
   2. nauta, pirata: schiffer, seeräuber.
Belege: s. Exod. 331; By. 227; Sal. 151; Exod. 133; ib. 223; By. 72; Aeðelst. 32.
Composita: *flota* als zweites glied von compositis.
   ǣg-flota navis.
Belege: hwanon comon ge ceolum liðan, marcræftige menn on mereþissan ane ægflotan An. 258.
   ge-flota socius natans.
Belege: s. Wal. 7.
   hærn-flota navis.
Belege: se hærn-flota Gu. 1307.
   sǣ-flota navis.
Belege: hwa þam sæflotan sund wisode An. 381.
   scip-flota nauta.
Belege: s. Aeðelst. 11.
   wǣg-flota navis.
Belege: hu ðu wægflotan wære bestemdon, sæhengeste sund wisige An. 487; sund-wudu þunede, no þær weg-flotan wind ofer yðum sides getwæfde B. 1907; þær meahte gesion, se ðone sið beheold . . . wadan wægflotan. El. 246.
   Etymologie: Ae. *flota* — verwandt mit isl. *floti* 'schiff, flotte', dän. *flaade* 'flotte', schwed. *flotta* ds., holl. *vloot* — gehört zu dem stvb. II ae. *fleotan*. s. oben unter *fleot*.

lid.

Form: *lid, -es;* n.
Bedeutung: navigium.
Belege: acc. sg. læt nu geferian flotan userne, lid to lande An. 398.
   gen. sg. on lides bosme Gen. 1332; Gen. 1410; Aeðelst. 27; to lides stefne ib. 34; æt lides stefnan An. 403; to lides stefnan ib. 1707.
   dat. sg. seo eft ne com to lide fleogan Gen. 1479.
   (Cf. isl. *lið*.)
Composita: 1. *lid* als zweites glied eines compositums.
   yd-lid navigium, navis.
Belege: hwilum upp astod of brimes bosme on bates fædm

egesa ofer yđlid (Ms.= -lid) An. 445; eft him andswarode ædelinga helm of yđlide An. 278.

        2. *lid* als erstes glied von compositis.

        lid-man(n), -es; m. seefahrer.

Belege: s. By. 99; ib. 164; B. 1623; Met. XXVI[68] (lid-). (Cf. isl. *lids-madr.*)

        lid-weard, -es; m. navigii custos. vel dominus.

Belege: s. An. 244.

        lid-wērig adj. müde von der seefahrt.

Etymologie: Ags. *lid* entspricht dem poet. an. *lid*. Das wort ist abzuleiten von dem stvb. I *lidan* 'gehen' mit grammat. wechsel im plur. prät. und part. prät. (s. Sievers, Ags. Gram.³: 232 c; 234 b; 380; 382 a. 1, b).

    Das an. *lid* scheint vereinzelt auch ins ae. übernommen zu sein, daher die formen mit spirans.

II. Die Namen der Schiffsteile.

1. Der Schiffsrumpf.

botm.

Form: *botm, -es;* m.

        1. carina: kiel.

Belege: carina: scipesbotm WW. 166[5]; cimba vel carina: scipesbotm ib. 181[37].

        2. fundus: boden (ursprüngliche bedeutung).

Belege: s. B.-T. und Suppl.

Composita: *botm* als zweites glied von compositis.

        byden-botm der boden eines gefäßes.

Belege: s. WW. 123[4].

        tunne-botm boden einer tonne.

Belege: s. WW. 123[10]. (Cf. dän. *tónde-bund.*)

    Etymologie: Ags. *botm;* me. *botym, botum, botun, bottome,* auch *bothom;* ne. *bottom* lebt in allen verwandten dialekten fort: as. *bodom (nur dat. sg. *bodme* belegt!); mnl. nnl. *bodem;* ahd. *bodam, podam, podum, bodem;* mhd. *boden, bodem*. Im nordgerm. hat das wort *n* im auslaut: an. *botn,* dän. *bund* (für *budn*); schwed. *botten.* Auffallend ist der auslautende konsonant der wz., der bald auf germ. *d,* bald auf *þ* und bald auf *t* hinweist. Ahd. *bodam* weist auf got. **buþma-,* **budna-* (Kluge, Et. Wb.: 47 f.).

Eine andere unregelmäßigkeit des dentals zeigt ags. *botm*. Als germ. ist wohl *bodma- aus *budmo- anzunehmen, da die verwandten außergerm. sprachen auf die idg. grundform *bhudhmo-, *bhudhno- hinweisen (cf. Fick I[4]: 495): gr. πυθμήν für *φυθμήν mit π (β) aus bh wegen der folgenden spirans; lat. *fundus* für *fudnus; skrt. *budhná-* für *bhudhná-* (derselben regel wie das gr. folgend); celt. *bundo-s* 'sohle' (Fick[4] II: 180). Über die zurückführung des idg. wortes auf eine wz. *bhudh cf. Skeat, Et. Wb.: 72, Franck, Et. Wb.: 118.

Walde, Et. Wb.: 253 hält es für wahrscheinlich, daß 'boden' als 'stätte des wachstums' zur wz. *bhū gehört, wie ai. *bhūmís*, *bhūmi*; av. *būmis*; altp. *bumis* 'erde'.

In der bedeutung 'kiel eines schiffes' scheint das wort heute noch fortzuleben in der ableitung ne. *bottomry*, ndl. *bodemerij*, ndd. *bodmerei*, wovon nhd. *bodmerei* 'an- und darlehen auf den kiel eines schiffes' (Weigand, D. Wb.[5]: 262).

bytme.

Formen: *bytme, bytne, bypne, -an*; f. carina: boden oder kiel eines schiffes.

Belege: carina: bytne W W. 362[31]; id.: bytme ib. 288[8]; id.: bythne ib. 11[18].

nom. sg. hi sæton ufan on þæm wætre swa swa scipes bydme (bytme deð, v. l.), þonne hit fleoteð on streame Mart. H. 118[20].

dat. sg. he sæt ofer þære bytman þæs scipes Gr. D. 347[23] (cit. nach B.-T. Suppl.).

Ableitung: *bytming, -e*; f. das unterste deck der arche.

Belege: on ðære nydemystan bytminge wunodon þa reðan deor ... on ðære bytminge wæs se arc rum Homl. Th. I 536[10-14].

Etymologie: Über das verhältnis von bytme zu botm s. Sievers, Ags. Gr. § 45,3 und 93,2 und a.

stefn.

Formen: *stefn, stemn, -es*; m.

1. prora navis: steven eines schiffes.

Belege: nom. acc. sg. puppis: se æftera stemn W W. 288[1]; beornas on stefn stigon B. 212.

dat. sg. to lides stefne Aedelst. 34; on nacan stefne An. 291.

2. stipes, truncus: stamm, baumstamm.

3. stirps, gens: volksstamm.

Belege zu 2 und 3 s. B.-T. und Grein, Sprachschatz II: 479.

Composita: *stefn* als zweites glied von compositis.

brand-stæfn adj. prora spuma fulgentem habens (B.-T.); proram pertica instructam habens (Grein).

Belege: s. An. 504.

heah-stæfn, *-stefn* adj. altam proram habens.

Belege: s. An. 266; Wal. 13.

forþ-stefn prora: vordersteven.

Belege: forþ-stefn Lye.

frum-stemn idem.

Belege: prora: frum-stemn WW. 63⁵⁵.

steor-stefn puppis; achtersteven.

Belege: puppi: steorstefn WW. 482¹⁵.

leod-stefn stirps, gens.

Belege: s. Ps. 82⁷.

þeod-stefn idem.

Belege: s. Ps. 83¹⁰.

Etymologie: Ags. *stefn*, *stemn* 'baumstamm, volksstamm, grundmauer, schiffssteven'; me. *stam* (wahrscheinlich durch an. einfluß); ne. *stem* = an. *stafn* 'steven, vordersteven, giebel', dän. *stavn* 'schiffssteven', schwed. *-stam* in *bakstam*, *framstam*;[1]) afr. *stevene* 'vordersteven'; as. *stamn* 'steven' (nur dat. sg. *stamne* bel.), mnd. *stam(me)* und *steven* 'baumstamm, volksstamm', mnl. *steven* und *staven* (?), holl. *steven*, ahd. mhd. *stam(m)*, nhd. *stamm*.

Ursprünglich ist also *steven* identisch mit *stamm* (baumstamm), indem man auszugehen hat von dem gebrauch des wortes für den balken im steven eines schiffes. Das vorauszusetzende thema *stafna*[2]) gehört in das weitverbreitete gebiet der idg. wz. *stā* 'stehen'.

stefna.

Form: *stefna*, *-an*; m.

Bedeutung: prora navis: schiffssteven.

---

[1]) Daneben dän. *stevn* 'schiffssteven' und schwed. *stäf* in der glch. bedeutung, beide mit ndd. lautform.

[2]) Kluge, Et. Wb.: 358 lehnt — indessen wohl mit unrecht — diese annahme ab.

Belege: dat. sg. æt lides stefnan An. 403; to lides stefnan ib. 1707; æt nacan stefnan Seef. 7; steoran ofer stæfnan An. 495. instr. sg. sum [on] fealone wæg stefnan steored Crä. 54.

Composita: *stefna* als zweites glied von compositis.

bunden-stefna, beschlagenes, verziertes (?) schiff (Holthausen).

Belege: sæ-genga for, fleat famig-heals ford ofer yde, bunden-stefna ofer brim-streamas B. 1910.

hringed-stefna (am steven) beringtes schiff.

Belege: þær æt hyde stod hringed-stefna B. 32; þa wæs on sande sæ-geap naca hladen here-wædum, hringed-stefna mearum ond madmum B. 1897; eard gemunde, þeah-þe he [ne-] meahte on mere drifan hringed-stefnan B. 1131.

Cf. *hring-naca*.

wunden-stefna schiff mit gewundenem steven.

Belege: wunden-stefna gewaden hæfde, þæt da lidende land gesawon B. 220.

Etymologie: Das schwach flektierende *stefna* ist von demselben stamm abgeleitet wie das gleichbedeutende starke maskulinum *stefn* (s. d.).

cæle.

Form: *cæle, cęle*.

Bedeutung: rostrum navis: schiffsschnabel.

Belege: rostrum: neb vel scipes cæli W W. 44[5] (O E T. 93[1748]).

Etymologie: Falk-Torp, Et. Wb. I: 371 führt an. *kjǫlr*, dän. *kjǫl*, schwed. *köl* 'kiel, schiffskiel' zurück auf ein germ. *$kelu$-z (s. Fick III[3]: 47) und nimmt verwandtschaft des letzteren mit ae. *cæle* 'schiffsschnabel', sowie mit ahd. *kela, chela* 'kehle, hals, luftröhre', ae. *ceole* 'kehle' an. Die gemeinsame wz. ist idg. *gel*[1]) 'verschlucken' (s. Fick I[4]: 35) zu skrt. *giráti*, *gilati* 'schluckt, schlingt', arm. *klanem*, air. *gelim*; eine erweiterung liegt vor in lat. *glūtio* 'schlucke', aslav. *glŭtati* in ders. bedeutung, *glŭtŭ* 'rachen'.

---

[1]) daneben idg. *$guel$-*, das nach Osthoff, I F. IV: 287 möglicherweise auf vermischung von *gel*- und *$gu̯er$* 'schlingen' beruht.

Hiernach ist also ae. *cæle* der ursprünglichen bedeutung als auch der herkunft nach zu ae. *cĕole* zu stellen. Der übergang zu der bedeutnng schiffsschnabel liegt auf der hand.

Die vielverbreitete ansicht, nach der ae. *cæle* ursprünglich identisch sein soll mit an. *kjǫlr*, ist vollkommen hinfällig.

Anm. Das ne. *keel* ist weder mit ae. *cæle* noch mit nhd. holl. *kiel* zu verbinden; es stammt vielmehr wahrscheinlich aus dem an. *kjǫlr*, von dem auch die andern germ. dialekte beeinflußt sind.[1]) s. unter ceol.

Auffallend ist noch das finn. lehnwort *keula* 'steven' (Thomsen 143 f.), das allerdings nach Liebich, P B B. XXIII: 228 eine ältere lautstufe des germ. **keula-* (s. unter *ceol*) sein soll, eine annahme, die indessen wegen der bedeutung nicht ganz unbedenklich ist.

bord.

Form: *bord, -es;* m.

Bedeutung: 1. tabulatum, latera navis, stega ($\sigma\tau\acute{\epsilon}\gamma\eta$): schiffsbord, -deck.

Belege: nom. sg. bord oft onfeng ofer eargeblond yða swengas El. 238.

dat. sg. drugað his ar on borde Gn. Ex. 188.

acc. sg. læd under earce bord eaforan þine. Gen. 1333; under earce bord ib. 1357; under bord ib. 1369; buton þæt earce bord ib. 1403; ofer nægled bord ib. 1433; under salwed bord ib. 1481; ofer ceoles bord Cri. 862; ofer bord Hml. Th. I 246².

dat. pl. þa beutan beoð earce bordum Gen. 1354.

2. tabula: brett.

Belege: s. B.-T., Suppl. und Grein, Sprachsch. I: 132, 133.

3. clypeus: schild.

Belege: s. Keller, Anglo-Sax. Weapon Names, p. 224.

Composita. 1. *bord* als zweites glied von compositis.

bæc-bord n. navigii sinistra pars: backbord (zu *bæc* 'rücken').

---

[1]) Vgl. das N E Dict. V: 657 ›On. *kjǫlr* is not parallel, either in sense or form, with the O. E. (scipes) *celae*, which in the earliest glossaries renders L. rostrum 'beak',

Belege: he let him þa widsæ on ðæt bæcbord Ors. Swt. 17[11,27]; ib. 19[17, 25, 30]; on bæcbord him wæs Langaland ib. 19[35].

  bleo-bord tabula colorata, in qua proelia latronum luduntur (Ettm.).

Belege: s. Wy. 71.

  fāmig-bord adj. latera spumosa habens.

Belege: s. Met. XXVI[26].

  gūd-bord clipeus bellicus: kampfschild.

Belege: s. Gn. Ex. 203; Gen. 2693.

  hilde-bord s. *gūd-bord*.

Belege: s. B. 397; ib. 3139.

  hleo-bord schützendes brett, hüllbrett (bücherdeckel).

Belege: s. Rä. 27[12].

  nægled-bord adj. latera clavata habens.

 s. Grein, Sprachschatz II, p. 275.

 Vgl. *Nægling* m. 'Beowulfs schwert', und *nægled-cnéar* 'navis clavata'.

  steor-bord navigii dextra pars: steuerbord; ne. *star-board*.

Belege: he let him ealne weg ðæt weste land on ðæt steorbord and ða widsæ on ðæt bæcbord Ors. Swt. 17[10, 25].

  þrȳp-bord scutum validum: schild.

Belege: s. El. 151.

  wǣg-bord latera navis, navis.

Belege: under wæg-bord Gen. 1340.

  wīg-bord kampfschild.

Belege: s. B. 2339; Ex. 466.

  yđ-bord s. *wǣg-bord*.

Belege: ofer yđ-bord An. 298; þonne særofe ... arum breg: dađ yđborde neah Crä. 57.

 Vgl. bord oft onfeng yđa swengas El. 238.

  2. *bord* als erstes glied von compositis.

  bord-clāþ, -es; m. tischtuch.

Belege: s. OET. 56[22].

  bord-gelāc n. clipeorum impugnatio: waffe.

Belege: s. Cri. 769.

  bord-hæbbende m. scutifer: krieger.

Belege: s. B. 2895.
>*bord-haga* m. clipeorum sepimentum, testudo, phalanx.
Belege: s. El. 652.
>*bord-hreoða (-hrēda)* m. clipeus, testudo: schildüberzug, schild (Holthausen).
Belege: s. B. 2203; An. 128; Exod. 236; ib. 320; ib. 159; El. 122.
>*bord-rand* m. scuti margo, clipeus: schildrand, schild.
>*bord-rima, -an;* m. kante eines brettes.
Belege: s. Leid. 39[21].
>*bord-rīpig* ein wasserlauf, dessen bett aus brettern künstlich angefertigt ist (?).
Belege: s. Cod. Dip. Kmble III 82[28].
>*bord-stæþ* n. [pl. nom. *-stadu*] litus: gestade.
Belege: s. An. 442.
>*bord-þaca, þeaca, -an;* m. schilddach.
Belege: s. Ep. Erf. 997; Corp. 1999.
>*bord-wèall* m. 1. latera navis: schiffsbord.
Belege: Wiht (ein eisberg) cwom æfter wæge liðan ... bord-weallas grof Rä. 34[6].
>>2. scutorum agger, testudo, clipeus.
Belege: s. By. 277; Aeðelst. 5; B. 2980.
>*bord-wudu* m. clipei lignum: schildholz, schild.
Belege: s. B. 1243.

Etymologie: Ags. *bord,* ne. *board;* an. *borð,* dän. *bord,* schwed. *bord;* as. *bord;* mnl. *bort,* holl. *boord;* ahd. *bort,* nhd. *bord* (aus dem ndd.); got. *-baúrd* in *fōtu-baúrd* 'fußschemel' ist ein gemeingerm. wort, das zwei ursprünglich ganz verschiedene substantive in sich schließt:

1. *bord* aus urgerm. **borða*- 'brett, latte', verwandt mit air. *bruidén* f. 'hof, palast' (von **brodinā*),[1]) steht im ablautsverhältnis zu ags. *bred,* ahd. *bret.*

---

[1]) cf. Stokes, K Zs. XXXV: 151.

2. *bord* aus urgerm. **borzda-* 'rand, kante' mit der nebenform **brozda-*,[1]) sowie den ablautsformen **barzda-* und *brazda, zu denen ags. *brerd, brëord, brëard* m. 'rand', ahd. *brart* 'rand, kante, vordersteven' zu stellen sind. Die idg. wz. ist *bhers, *bhres 'strotzen, spitz sein, hervorstehen'. Wahrscheinlich gehören auch aslav. *brazda*, russ. *borozdá* 'furche' hierher (s. Uhlenbeck, Ai. Wb.: 205).

Franck, Et. Wb.: 130 glaubt für *bord* 2 ein befriedigendes etymon in einer partizipialen nebenform von der wz. *bher 'erheben, emporheben' zu finden, die im idg. **bh$_r̥$tó-s* 'erhoben, ausgestochen, durch stechen herausgebracht' gelautet haben würde.

Da die beiden wörter bereits im ae. lautlich vollständig zusammengefallen waren, bestand ein unterschied nur noch in der verschiedenheit des genus, indem *bord 1* mit der bedeutung 'brett, planke, schild, tisch (?)' n., *bord 2* 'rand, kante, seite' jedoch m. war. Die folge war, daß sehr bald verwirrung eintrat, daß das neutrum auch die bedeutungen des maskulinums unter sich vereinigte. Die bedeutung 'bord, schiffsseite' in der nautischen terminologie ist ursprünglich wohl auf *bord 2* zurückzuführen. Als pars pro toto gebraucht bezeichnet es nicht selten das ganze schiff, besonders in der wendung *'on borde'*.

Das wg. *bord 2* wurde in alle roman. sprachen aufgenommen: mlat. *bordus*, it., span., portg. *bordo*, frz. *bord*, (cf. Du Cange I: 728 ff., Diez, Et. Wb. p. 59). Cymr. *bwrdd* und air. *bord* entstammen dem ags.

þel.

Form: *þel, -es*; n. (? *þelu* f.)

1. planca: (schiffs)planke.

Belege: planca: weel (l. þell? þele? die stelle heißt: Corpus virgineum natat ceu plana carina Ald., De laud. virg. 199) W W. II 1242 (cit. nach B.-T.).

2. tabulatum, asser: bretterwerk, stange, latte.

---

[1]) = idg. **bhrozdo-*, air. *brot* 'spitze', cf. Fick, Vgl. Wb. I⁴: 94. Hierher gehören ags. *brord* 'stachel, schneide, spitze, keim', ahd. *brort* 'spitze, kante, ufer, vordersteven', an. *broddr* 'spitze, stachel, schneide, keim von getreide'.

Belege: s. bei B.-T.
Composita: 1. *þel* als zweites glied von compositis.
   benc-þel scamnorum tabulatum: bankdiele.
Belege: s. B. 486; ib. 1239.
   ceol-þelu f. (oder -*þel* n.?) s. unter *ceol*.
   wǣg-þel n. tabulatum marinum, navis.
Belege: acc. sg. him þa Noe gewat ... under earce bord eaforan lædan, weras on wæg-þel Gen. 1358.
 dat. sg. on (of) wæg-þele Gen. 1446, 1496; An. 1713.
  2. *þel* als erstes glied von compositis.
   þel(i)-fæsten(n), -es; n. munimentum e. tabulatis compactum, navis, Arche.
Belege: dat. sg. on þell-fæstenne Gen. 1482.
   þel-brycg, -e; f. eine aus brettern gefertigte brücke.
Belege: s. Cod. Dip. Kmble VI 60[21].
   þel-treow n. arbor?
Belege: s. Hy. 11[4].
Etymologie: s. Keller, Anglo-Saxon Weapon Names: 242. Vgl. dazu aber Holthausen, Beibl. XVIII, 68.

bile.

bile, -es; m.

Belege: rostrum: bile W W. 77[26]; ylpes bile vel wrot ib. 22[42].

Bedeutung: rostrum, proboscis: schnabel, rüssel, vorderteil eines schiffes.

Etymologie: Vorauszusetzen ist ein urgermanisches **bili-*, das aber kaum, wie Uhlenbeck, P B B. XXVI: 568 glaubt, mit ae. *bil* 'schwert' verwandt ist. Eher lassen sich ir. *bil, biler* 'rand', cymr. *byl* ds., mhd. *bilar, biler* 'zahnfleisch' vergleichen, vgl. Lehmann, Zs. f. celt. Philologie VI: 438.

scilfe.

Formen: *scilfe, scylfe*, -*an*; f.

Bedeutung: tabulatum, contabulatio: bretterverschlag, deck.

Belege: acc. pl. gescype scylfan on scipes bosme Gen. 1306.

Etymologie: Ae. *scilfe*; me. *schelfe, shelfe*, pl. -*lves*; ne. *shelf* stellt sich zu an. *skjolf* f. in *hlid-skjolf* 'sitz Odins im himmel, von wo er zur erde niederschaut' (Edda), auch als ortsname gebräuchlich. Dasselbe wort ist ostfrs. *schelfe, schelf* oder *schelve, schelv* 'ein im freien aufgestapelter großer haufe von heu oder sonstigen feldfrüchten, der zum schutze gegen regen mit einem dache von stroh oder holzbrettern überdeckt wird' (ten Doornkaat Koolman); nnl. *schelf* (aus dem erst im nnl. auftauchenden *schelve*) 'bretterverschlag zur aufbewahrung von heu oder feldfrüchten' (Franck, Et. Wb.: 838). Die nordgerm. formen setzen ein germ. **skëlfō-* voraus, in welchem die erweiterte wz. *(s)kel* 'spalten' steckt. Hierher gehört auch lat. *scalpo, sculpo* 'kratzen, ritzen, scharren, reiben, mit einem werkzeug schneiden, meißeln', von Walde Et. Wb. auf idg. **sqele-p-* zurückgeführt. Dies ist nach Persson, Wzerweiterung: 52 erweitert aus **sqele-* in gr. σκάλλω 'scharre, grabe', σκαλίς 'hacke', aisl. *skilja* 'trennen, scheiden', got. *skilja* 'fleischer', lit. *skeliù, skélti* 'spalten', ahd. *scala* 'hülse', got. *skalja* 'ziegel', aisl. *skel*, ags. *sciell* 'schale, muschel' und vielen andern worten, s. noch K Zs. XXXIII: 284 ff., Zupitza, D. germ. Gutt.: 152.

Derselbe erweiternde labial kehrt endlich noch wieder in ahd. *sceliva*, mhd. *schelfe* 'siliqua putamen, häutige schale von obst oder hülsenfrüchten'.

Die ursprüngliche bedeutung von ags. *scilfe* läßt sich also als 'etwas abgespaltenes, ein dünnes brett' annehmen, woraus sich die übrigen bedeutungen mit leichtigkeit ergeben.

flōr.

Formen: *flōr, -e;* f. und *-es;* m.

Bedeutungen: 1. fori: schiffsgang.

Belege: fori: scipesflor W W. 181[41]; fori, i. tabulata navium: scipes flor ib. 288[5].

2. pavimentum, area, solum.

Belege: s. B.-T. und Grein, Sprachschatz I: 306.

Composita: 1. *flōr* als zweites glied von compositis.

bere-flōr tenne.

Belege: s. B.-T.

helle-flōr: atrium vel pavimentum gehennae.

Belege: s. Sat. 70.

pirsce-flōr tenne.

Belege: s. Genes. 50[10].

pyrscel-, perscel-flor idem.

Belege: s. Mt. Skt. III[12].

up-flōr, -e; -flōre, -an; f.: *-es;* m. höher gelegener flur, oberes zimmer.

Belege: s. Homl. Skt. I 10⁵⁸,⁶⁴,⁸¹; ib. I 18⁸⁴¹; ib. II 27³¹,⁶⁷; Chr. 978.

2. *flōr* als erstes glied eines compositums.

flōr-stān; -es; m. tessera pavimento sternendo designata.

Etymologie: s. Falk-Torp, Et. Wb. I: 172 (*flor III*); Kluge, Et. Wb.: 144; Franck, Et. Wb.: 1096; N E Dict. IV: 341; Weigand, D. Wb. unter *flur* m.

bolca.

Form: *bolca, -an;* m.

Bedeutung: forus navis: schiffsgang.

Belege: foros: bolca W W. 404⁹; foras (?): bolcan ib. 22⁴⁴.
dat. sg. he on bolcan sæt An. 305.
acc. sg. geseah weard beran ofer bolcan beorhte randas B. 231; beorn ofer bolcan beald reordade An. 602.

Etymologie: Ags. *bolca* (ne. ausgestorben) weist keine direkte entsprechung in den übrigen germ. dialekten auf. Eine andere ablautstufe zeigt ae. *bĕalca* (ne. *balk*) 'balken', as. *balko* (holl. *balk*), ahd. *balko* in gleicher bedeutung; eine dritte an. *bjalki* (dän. *bjelke,* schwed. *bjälke*) 'balken'. — Die verschiedenen stämme entsprechen einer altgerm. ablautsreihe: **bolkon-, *balkon-. *belkon-*. Verwandte außerhalb des germ. sind gr. φάλαγξ (-αγγος) 'runder balken, wagestange, schlachtordnung', lit. *balžĕna* 'langbalken an der egge', lett. *balseens* 'stütze am pflug', russ. *bolozno* 'dickes brett' (cf. Berneker, p. 70). — Die idg. wz. ist **bhelǝq*. (s. noch Bezzenberger, B B. I: 256).

Über die von einigen gelehrten angenommene verwandtschaft mit lat. *sufflāmen* 'radschuh, sperrkette' (<*subflagmen* oder **-flangmen* 'unter das rad gelegter balken') s. Walde, Et. Wb.: 608; N E D. I: 636; Franck, Et. Wb.: 49 ff.; Berneker, Slav. etym. Wb., p. 70 f.

wrang.

Formen: *wrang, wranga*.

Bedeutung: cavernae navigii: schiffsraum, hohl des schiffes.

Belege: cavernamen: pranga [wranga] W W. 182¹⁴; id.: wrong ib. 201⁸⁵.

Etymologie: Ae. *wrang* entspricht an. *rǫng;* dän. *rang,* schwed. dial. *vrang* 'spante'; mnd. *wrange* (holl. *wrang*). Für das ae. wort mit Björkman, Skand. Loanw.: 225 entlehnung aus dem an. anzunehmen liegt kein zwingender grund vor. Die germ. grundform ist *wrangô eigentlich 'etwas verbogenes, krummes' (zu ndd. *wringen* etc., ne. *wrong*), woraus sich die verschiedenen bedeutungen 'hohlraum des schiffes' und 'schiffsspante' leicht ableiten lassen.

Vom. germ. stammen afrz. *varangue,* span. *varenga.*

lecþa.

Form: *lecþa, -an;* m.

Bedeutung: sentina: kielraum.

Belege: sentina: lecþa, ubi multae aquae colliguntur in navem Ep. Erf. Gl. 890; sentina: lectha Corp. Gl. 1833 (W W. 46[14]).

Etymologie: Ae. *lecþa* ist offenbar eine ableitung von dem adj. ae. *lec,* aisl. *lekr* etc., wobei *-þa* als ableitendes suffix zu betrachten ist, vgl. Kluge, stammbildung[2].

*pliht.

Form: **pliht.*

Bedeutung: vorderdeck.

Das wort ist im ags. nur in der ableitung *plihtere* 'one that watches in the prow of a ship' (B.-T.) belegt. proreta: pliclitere [= plihtere] vel ancremen Hpt. Gl. 406[55]. In den übrigen germ. sprachen ist das grundwort dagegen häufiger bezeugt und erscheint dort als ahd. *plihta, pflihttha* (Steinmeyer-Sievers III, 164[6]), dän. *pligt* 'vorderverdeck', ndd. *plicht,* mnl. nndl. *plecht,* bair. *pflicht.*

Etymologie: Meringer I F. XVII: 101 hält zusammenhang des wortes mit nhd. *pflug,* bezw. *pflegen* für wahrscheinlich, denkt aber daneben auch an entlehnung aus lat. *plecta* (von *plectere*).

2. Das Rudergeschirr.

ār.

Form: *ār, -e;* f.

Bedeutung: remus: ruder.

Belege: nom. sg. drugað his ar on borde Gn. Ex. 188.
nom. acc. pl. remi: ara WW. 288[7].
gen. pl. sume hæfdon LX ara Chr. A. 897 (arena B.)

instr. pl. særofe arum bregdađ ydborde neah Cræ. 57.
Composita: *ār* als erstes glied von compositis.
    ār-blæd, -es; n. palmula remi: ruderblatt.
Belege: palmula: arblæd W W. 182[1]; id.: arbled. ib. 288[9].
    ār-loc, -es; n. ruderloch.[1])
Belege: columbaria: arlocu W W. 288[6].
    ār-widde, -an; f. (?) struppus: ruderstroppe.
Belege: struppus: strop vel arwidde W W. 181[42].
  Etymologie: Ags. *ār*; me. *ǭre*, nördl. *ār*; ne. *oar* hat eine entsprechung in an. *ār*, dän. *aare*, schwed. *år* und *åra*, norw. dial. *aar*. Germ. ursprung liegt vor in finn. *airo*, lapp. *ajrro*, weps. *air*, esthn. *aer* 'remus' (Thomsen: 57, 129); jedoch ist annahme desselben auch für lett. *airis, aire* und lit. *v-aĩras, v-aĩra* (mit vorgeschlagenem *v*) nicht unbestritten.[2])

  Über den ursprung des wortes ist noch keine völlige klarheit erzielt. Die von den einen vertretene ansicht, nach der urgerm. **airō-* auf *arₑō* zurückgeht, welch letztere form verwandtschaft mit ai. *arĩtra-*, gr. ἐρετμός, lit. *irklas* 'ruder' ermöglicht, ist nicht allgemein angenommen, da eine derartige epenthese nach Lidén, Stud. z. ai. und vgl. Sprachgesch.: 65 im german. nicht existiert und lautlich nicht zu begründen ist.

  Daher setzt dieser gelehrte ein germ.-balt. **oṷrā-, -o-* 'ruder' an mit der ursprünglichen bedeutung 'stange': der stamm **oṷrā-* hat ein idg. **oṷer-* zur voraussetzung. Nun aber wird lit. *ëna* 'gabeldeichsel, deichsel am einspänner' auf *oṷen zurückgeführt mit dem nebenstamme **oṷ(e)s-*, in schwächster gestalt **is-*, eigentl. 'stange'; unmittelbar geht darauf zurück das slav. *ojes-*, mittelbar ai. *īšá*, ferner das auf grund des finn.-mordw. erschlossene balt. **aisō-* 'deichsel', endlich gr. οἴᾱ-ς und οἰή-ϊον 'steuerruder'. — Die bedeutung 'deichsel' ist ai. und balt.-slav., die bedeutung 'steuerruder' oder 'ruder' gr., germ. und balt.-slav.

---

[1]) Die ansicht Woods, M L N. XV 100: das ae. *ār-loc* habe nicht das ruderloch, sondern die ruderstroppe bezeichnet, ist zurückzuweisen, da sie dem einzigen beleg columbaria: arlocu direkt entgegensteht. Das von diesem gelehrten über die ursprüngliche bedeutung des ae. *loc* vorgebrachte ist ebenfalls nicht überzeugend. Cf. das N E D. (s. v. *lock*²).

[2]) s. Lidén, Stud. z. ai. u. vgl. Sprachgesch.: 65.

Wiedemann, B B. XXVIII: 33 vergleicht urgerm. *airō- mit ai. *émi*, gr. *εἶμι*, lat. *eo*, ir. *ethaim* 'gehe', got. *iddja* 'ging', lit. *eĩti*, abulg. *iti* 'gehen', da das ruder das werkzeug ist, welches das schiff in gang bringt: vgl. abulg. *veslo* 'ruder': abulg. *vezǫ* 'veho'.

þol.

Formen: *pol(l)*, *-es*; m.
Bedeutung: scalmus: ruderdolle.
Belege: scalmus: doll W W. 289[9]; id.: thol ib. 46[1].

Etymologie: Ags. *pol(l)* 'ruderdolle', me. *thol, thowl;* an. *pollr* 'fichte, baum, balken', dän. *tol, toll* 'ruderdolle', schwed. *årtull;* mnd. *dolle, dulle* 'ruderdolle': vgl. mhd. *tülle* 'pfahlwerk, wand oder zaun von brettern oder palisaden'.

Germ. **polla-* geht zurück auf idg. **tḷ-nó-*, wohl zu einer wz. **tel* gehörig. Daneben wäre freilich auch eine idg. grundform **tulno-* möglich, verwandt mit gr. τύλος 'holzpflock, nagel', auch 'geschwulst', τύλη 'wulstschwiele' (Prellwitz, Et. Wb.) zur wz. **tu* 'schwellen' (Fick, Wb.[3] II: 106, Holthausen, I F. XVII: 294). Indessen ist dies in anbetracht der bedeutung des wortes **polla-* wenig wahrscheinlich. Cf. Ehrismann, P B.B. XX: 61.

Entlehnung aus dem an. liegt vor in finn. *tulla* (auch *tullo, tullu*), lit. *tulls, dìles, dullai,* frz. *tolet, toulet*.

Zur bedeutungseinschränkung von pflock auf dolle s. Lidén, Upsalastudier 89.

hamele.

Formen: *hamule, hamele, -an*; f.
Bedeutung: ruder-, rojeklampe.
Belege: on his dagum man geald XVI scipan æt ælcere hamulan VIII marc eall swa man ær dyde on Cnutes cynges dagum .... ða hi gerædden þet man geald LXII scipon æt ælcere hamelan VIII marc Chr. E. 1039.

Das wort begegnet nur in der phrase: *æt ælcere hamelan* = 'pro mann'. Cf. isl. *til hǫmlu* in derselben bedeutung.

Etymologie: Ae. *hamule, hamele* stammt aus dem awsk. *hamla* 'ruderstroppe'; in der komposition findet es sich in an. *hǫmluband*, norw. *hamlebaand, humlebaand*, alle in der gleichen bedeutung. Das dazugehörige an. vb. ist im dän. erhalten als *hamle* 'rücklings rudern'.

h ā.

Formen: *hā, hāne* (?)

Bedeutung: dolle, ruderpflock.

Belege: and astealde þa swiðe strang gyld, þæt man hit uneaðe acom, þæt wæs VIII marc æt ha Chr. C. 1040 (*æt ha =* 'pro mann').

dat. pl. butan þam hanon (?) Alfw. 23[8].

Composita: *hā* als erstes glied eines compositums.

hā-sæta, -an; m. ruderer.

Belege: and sceolde man setton oðre eorlas and oðre hasæton to þam scipum Chr. E. 1052.

Etymologie: *hā* ist entlehnt aus dem skand.; vgl. awsk. *hár* 'dolle, ruderpflock', aschwed. *hā*, schwed. dial *hå*. Die grundform dieses skand. wortes ist *$h\bar{q}ha$-* (< *$hanha$-*); siehe Lidén, Upsalastudier, p. 89 ff.; Noreen, Urgerm. Lautlehre, p. 25; Zupitza, D. germ. Gutt., p. 132; Steenstrup, Danelag, p. 160 f.; Björkman, Skand. Loanw., pp. 5, 99, 181, 303.

Die form *þam hānon* (dat.), die sich bei Nap. u. Stev., Anecd. Oxon. Med. and Mod. Series VII 1895, p. 23 findet und dortselbst p. 128 f. besprochen ist, scheint zu demselben worte zu gehören, obgleich sie noch nicht befriedigend erklärt ist.

strop.

Form: *strop(p)*.

Bedeutung: struppus: ruderstroppe.

Belege: struppus: strop vel arwiðde WW. 181[42].

Etymologie: Das wort beruht auf lat. *struppus*, das jedoch nicht vor der zweiten hälfte des 5. jhs. entlehnt ist, wie der übergang von lat. *u* zu *o* beweist. Cf. Pogatscher, Lautlehre, §§ 152, 156 ff.

mīdl.

Form: *mīdl, -es;* n.

Bedeutung: 1. ruderstroppe.

Belege: strupiar: midla WW. 182[23]; id.: midlu ib. 288[31].

2. das eiserne mittelstück des zaumes, die gebißkette.

Belege: s. Hpt. Gl. 406[27], ib. 458[3]; El. 1176; Corp. Gl. 1770 (WW. 44[30]); El. 1193.

Compositum: *mīdl-hring, -es;* m. ring am gebiß.

Belege: s. WW. 356¹⁴.

Ableitung: *mīdlian* swv. II 'aufzäumen; im zaume halten, zügeln'.

Etymologie: *Mīdl* ist specifisch ws. und geht zurück auf gemeinags. *mīdl* (Cf. Sievers, Ags. Gr. § 201, 3), welchem ahd. *mindil, kamindil*, aisl. *mél*, aschwed. *mil* entspricht (s. Lidén, Upsalastudier, 79). Vorauszusetzen ist eine germ. form *minþa-*, enthalten in aisl. *minnask* 'küssen', got. u. s. w. *munþs*, ahd. *mund* 'mund'. Außerhalb des germ. gehören hierher lat. *mentum* 'kinn, gebäudevorsprung', kymr. *mant*, ir. (als kymr. lehnwort) *mant* 'kinnbacken'. Cf. noch Hirt, P B B. XXII: 228. Anders, indessen nicht überzeugend, Detter, Zs. fda XLII: 57.

Die sippe ist vielleicht auf eine wz. **men* 'hervorbringen' zurückzuführen, s. Walde, Et. Wb.: 379. — Vgl. noch die weiter abseits liegenden anknüpfungen bei Wood, M L N. XXI: 40.

þofte.

Formen: *poft*(?), *-e; þofte, -an;* f.

Bedeutung: transtrum: ruderbank.

Belege: transtra vel iuga: þofta (þoftan?) W W. 166¹⁷; transtra: þoftan ib. 182⁵; tra[n]stra: þoftan ib. 288⁸.

Etymologie: Ein den germ. dialekten durch urverwandtschaft gemeinsames wort: ags. *poft*(?), *pofte;* ahd. *dofta;* nhd. *ducht* und *duft,* (die form mit f ist die hd., die mit ch die ndd.); mnd. *ducht,* mnl. *dofte, dochte;* holl. *doft;* an. *popta;* dän. *tofte, toft;* schwed. *toft;* got. *puftô*.

Dies altgerm. wort gehört zu einer idg. wz. **tup* 'niederhocken', erhalten in lit. *tūpiù, tūpti* 'sich niederhocken', *tupëti* 'hocken, kauern, in den knieen sitzen' und bezeichnete ursprünglich 'den ort, auf dem gehockt wird' (wegen des niederbiegens beim rudern), Cf. Falk-Torp s. v. *tofte.*

Auf entlehnung aus dem an. beruhen finn. *tuhto*, norw.-lapp. *duofto* (s. Thomsen: 177; Schrader, Handelsgesch.: 54).

rôder.

Form: *rôdor, rôder.*

Bedeutung: ruder (i. e. steuerruder).

Belege: remus: rodor Aelfc. Gr. Gl. 302¹², item W W. 311³⁰, 539³³; tonsa: rothor Ep. Gl. 986; id.: rodr W W. 51¹².

gen. sg. palmula: rodres blæd W W. 167¹

Composita: *roder* als zweites glied von compositis.
scip-rōder schiffsruder.
Belege: navalia: sciproðor WW. 455[18].
steor-rōder [-ur, -er] steuerruder.
Belege: nom. sg. palmula: steorroðor Corp. Gl. 1520, item WW. 38[4]; remus: steorroðer ib. 166[18]; palmula: steorroðer ib. 468[21]; gubernaculum: steorroþur ib. 288[18]; he [God] is ana staðolfæst wealdend and stiora and steorroðer and helma Bt. 97[11].
dat. sg. God æghwæs wealt mid þæm helman and mid þæm stiorroðre his goodnesse Bt. 98[2]; ðætte God wiolde eallra his gesceafta mid ðæm stiorroðre his goodnesse Bt. 100[21].

Ableitungen: *ge-rèþru* pl. n. steuerruder, ruder.
Belege: nom. acc. nauta: gereþru (gereþra?) WW. 181[20]; aplustre: ∽ vel scipgetawu ib. 181[24]; aplustra: ∽ ib. 288[34]; id.: gereþro ib. 357[15]; þa gereþru Shrn. 35[8,9].
dat. on anum bate butan ælcum gereðrum Chr. A. 891.

þrī-rēdre adj. mit drei ruderbänken; sb. trireme.
nom. sg. ða næfde he na ma scipa þon an; ðæt wæs ðeah þrereþre Bt. 115[21].

Etymologie: Das wort gehört zu den wenigen ausdrücken der nautik, die sich bereits urzeitlich nachweisen lassen. Die germ. bezeichnung für diesen begriff ergibt sich aus der reihe ae. *rōder;* me. *roder*, meistens *rother;* ne. *rudder;* ahd. *ruodar;* mnd. *rōder, rōr* (mit schwund des inlautenden *d*), holl. *roer;* afr. *rōder, roer*. An. *rôðr* bezeichnet 'das rudern', wogegen *rǿði* 'das werkzeug zum rudern' mit anderer ableitung gebildet ist.

In germ. **rōþra-* ist *-þra-* nur ableitendes instrumentales suffix = idg. *-tro-*. Die eigentliche wz. ist **rō̆*[1]); sie steckt auch in dem vb. ae. *rōwan* (ne. *to row*) = an. *rôa*, mnl. *roeien*, mnd. *rōjen*, mhd. *rüejen* und erscheint in den übrigen idg. sprachen in der gleichen bedeutung: skrt. *arítra-* und *áritra-* 'ruder' (mit zweisilb. wz.), gr. ἐρέτης 'ruderer' (= ai. *aritar-*), ἐρετμός, -ν 'ruder', lat. *rēmus* (entlehnt in ahd. *riemo*, nhd. *riemen*), air. *rām* in derselb. bedeutung. Lit. *iriù, ìrti* 'rudern', *ìrklas* 'ruder' leiten sich ab von idg. **r̥ŏ-*, einer ablautsform von **ratro-*. Prellwitz[2] ἐρέτης.

---

[1]) cf. Fick I[4]; 11.

An. ags. *ār* 'ruder', urgerm. *airō (s. oben s. *ār*) ist trotz Bugge, PBB. XXIV: 429 fernzuhalten (s. Wiedemann, BB. XXVIII: 33).

Verwandtschaft von idg. **erē-* 'rudern' mit abulg. *rějati* 'stoßen', gr. ὄρνυμι 'bewege', aisl. *riá* 'mißhandeln', norw. *rå* 'stange' etc. (Prellwitz, Et. Wb.² unter ἐρέτης, Noreen, Urg. Lautl.: 36) ist unsicher.

steor.

Form: *steor, -es;* n.

Bedeutung: steuerruder.

Das simplex ist im ae. nicht belegt; im me. findet es sich dagegen häufiger.

Composita: *steor* als erstes glied von compositis.

steor-bord, -es; n. s. unter *bord*.

steor-man, -mon; m. steuermann, kapitän.

Belege: nom. acc. sg. gubernator vel nauclerus: steorman Aelfc. Gr. Gl. 302¹⁸; gubernio: ∾ WW. 181²³; gubernator, vel nauclerus: steor[mo]n WW. 539⁸⁵; done steorman Homl. Th. II 560²².

steores-man; m. steuermann, kapitän.

Belege: nom. sg. gyf man beo æt his æhtan bereafod ... agyfe steoresman đa æhta Ges. II Atr. 4.

steor-nægl (?), -es; m. griff des steuerruders, ruderpinne.

Belege: steorsceofol ođđe nægel: clavus Aelfc. Gr. Gl. 302¹⁶. (Cf. ahd. *stiur-nagal* 'clavus').

steor-rēdra, -an: m. steuermann, schiffer, kapitän.

Belege: s. Blickl. Homl. 233⁴, ²⁴; ib. 235²⁸.

steor-rōdor [-er, -ur] -es; n. s. unter *rōdor*.

steor-scofl [-sceofl, -sceofol], -e; f. steuerruder.

Belege: gubernaculum: steorsceofl WW. 182¹⁰; clavus: steorsceofol ođđe nægel Aelfc. Gr. Gl. 302¹⁶.

steor-setl, -es; n. sitz am steuerruder, heck des schiffes.

Belege: puppis: steorsetl Aelfc. Gr. Gl. 302¹⁴; 75¹²; WW. 182¹⁹; ib. 289¹⁸; puppis: scip ođđe steorsetl Aelfc. Gr. Gl. 56¹⁰; WW. 166¹².

dat. sg. on đam steor-setle Homl. Th. II 378¹⁷.

steor-stefn, -es; m. hintersteven.

Belege: puppi: steorstefn W W. 482¹⁵.

Ableitungen: *steorere, -es;* m. steuermann.
stieran, steoran swvb. I steuern.

Etymologie: Ein urgerm. ausdruck aus der bereits auf den wanderungen der Germanen ausgebildeten schiffstechnik: ae. *steor*, me. *stēre* (Chauc.), jetzt veraltet; an. *st̄yre*, dän. *styre*, schwed. *styre;* mnl. *stûre*, holl. *stuur*, as. **stiuri*, mnd. *sti̊re;* spät-mhd. *stiure*, nhd. *steuer*, sämtlich n.; dafür ahd. *stiurra* f., afr. *stiure* f.

Dasselbe wort ist ahd. *stiura* 'stütze, unterstützung, hilfe, beitrag, abgabe, steuer', mnd. *stūre* f. in der letzten bedeutung.

Zu grunde liegt die bedeutung 'steif sein oder machen': vgl. ahd. *stiuri* 'stark', mnd. *stūr* 'steif', sowie an. *staurr*, gr. σταυρός 'pfahl'.¹) Ein germ. **stiuri-* 'was sich steuern läßt' wird vorausgesetzt durch got. *usstiurei* f. 'zügellosigkeit' (Uhlenbeck, Got. Wb.: 162).

Die eigentliche bedeutung des wortes ist sonach 'stütze'; in der schiffahrt 'stütze, hilfsruder, um die bewegung, den kurs des fahrzeuges in der gewünschten richtung zu halten'.²)

Ein zu dem sb. gehöriges vb. ist ags. *stieran, styran*, an. *st̄yra*, afr. *stiura, stiora;* mnd. *stiuren* 'lenken, leiten, stützen', got. *stiurjan* 'festsetzen'. Hierzu stellt sich wieder das sb. afr. *stiŏrne, stiărne* 'steuerruder', an. *stjôrn* 'das steuern, regierung, steuerruder' (entlehnt in ne. *stern* 'schiffshinterteil').

h e l m a.

Form: *helma, -an;* m.

Bedeutung: griff am steuer, (ruder-)pinne, steuerruder.

Belege: [clavis: helma W W. 1⁴]; clavus: ∼ ib. 182⁶; item W W. 288¹⁷.

---

¹) Fick III³: 342 setzt eine gemeinsame germ. wz. **stu* 'stehen' (verdumpft aus *sta* 'stehen') an. Auch Walde, Et. Wb.: 523 führt diese worte über idg. **st(h)ēu-r(o)-*, **st(h)əu-ro-*, **st(h)ū-r(o)-* auf eine form der wz. **st(h)ā-* 'stehen' zurück. Vgl. *staur, styre*, bei Falk-Torp; desgl. *sture, stór* etc.

²) in der älteren zeit und noch im mittelalter wurden die schiffe mittels eines breiten ruders an der rechten seite des hinterschiffes gesteuert (s. Teil I, p. 27).

d a t. s g. be ðam is swiðe sweotol ðætte God æghwæs wealt mid ðæm helman his godnesse Bt. 98².

Etymologie: Die frühesten belege dieses wortes innerhalb des germ. enthält die ags. literatur. Ags. *helma*, ne. *helm* entspricht an. *hjǎlm* 'helmstock' in *hjǎlmvǫlr, hjǎlmunvǫlr, hjǎlmurvǫlr* 'ruderpinne' (altdän. *hjalmervol*); ndl. *helmstok* (erst im nndl.) 'handhabe des steuerruders'; mnd. *helm, helmholt* 'ruder-, steuerholz'; ndd. *helm* m. 'griff am ruder'.

Das wort ist eng verwandt mit mhd. *helm* mit der nebenform *halme, halm* 'stiel, handhabe' (Lexer I: 1150), das allerdings nur sehr spärlich belegt ist, und ist ferner in *hellebarte* (engl. *halberd*) enthalten. Es gehört wahrscheinlich zu gr. $\sigma\kappa\alpha\lambda\mu\acute{o}\varsigma$ 'pflock' apreuß. *kalmus* 'stock', lit. *kélmas* 'baumstumpf', vgl. skrt. *karna-* m. 'öhr, handgriff, steuerruder' (zur wz. *skel 'spalten').[1])

Möglich wäre auch, daß *helma-, *halma- für *halbma- stände, eine ableitung von ahd. *halb* 'handgriff, schaft', ags. *hielf* 'handgriff', ne. *helve* 'axtschaft', as. *helvi;* vgl. ahd. *halftra* 'halfter', ags. *hælfter* (engl. *halter*). Hierzu gehören außerhalb des germ. lit. *kálpa* 'querbaum, querholz am schlitten', *kìlpa* 'steigbügel'; apreuß. *kalpus* ,'wagenstock'; vgl. russ. *čalŭ* 'zaum' (s. Falk-Torp a. a. o.).

Eine andere herleitung versucht Hoops, P B B. XXII: 435, der augenscheinlich als ursprüngliche bedeutung des wortes *helma* 'steuerruder', nicht 'griff am steuerruder' annimmt: Die germ. gruppe gehöre zu der sippe von gr. $\varkappa\acute{\epsilon}\lambda\lambda\omega$, $\varkappa\acute{\epsilon}\lambda o\mu\alpha\iota$, $\varkappa\epsilon\lambda\epsilon\acute{v}\omega$; lat. *cello, excello, celer* etc. (s. Walde, Et. Wb.). Das gr. $\varkappa\acute{\epsilon}\lambda\lambda\omega$ sei vorzugsweise von der bewegung des schiffes gebraucht worden, teils transitiv $\varkappa\acute{\epsilon}\lambda\lambda\epsilon\iota\nu$ $\nu\alpha\tilde{\upsilon}\nu$ 'navem appellere', teils intr. = 'appelli' oder auch allgemein = 'schiffen, fahren', eine bedeutung, die sich auch, wie Hoops an den angezogenen beispielen (gr. $\varkappa\acute{\epsilon}\lambda\eta\varsigma$, -*ητος*, lat. *celox, -ōcis* etc.) zeigt, in verwandten worten wiederfindet.

---

[1]) Prellwitz² s. $\sigma\varkappa\acute{\alpha}\lambda\lambda\omega$; Falk-Torp, Et. Wb. I: 282; Zupitza, Die germ. Gutt.: 113, der noch ahd. *jiohhelmo, jiohhalmo* 'lorum, am joch zur leitung des rindes befestigtes seil' (Schade, Ad. Wb. I: 464), mnd. *holm* 'querbalken, jochträger', lett. *zelms* 'baumstumpf' hierherstellt.

3. Die Takelung.
mæst.

Form: *mæst, -es;* m.

Bedeutung: malus, artemo: mastbaum, mast.

Belege: nom. sg. malus vel artemo: mæst W W. 167[4]; artemon vel malus: ∽ ib. 182[7]; malus: ∽ ib. 288[18]; columbarium; ∽ (?) ib. 211[6]; mæst hlifade ofer Hroðgares hordgestreonum B. 1898,; mæst sceal on ceole segelgyrd seomian M. 256.
dat. sg. be mæste B. 36; ib. 1905; An. 465.
acc. sg. done mæst Bt. 144[30].
gen. pl. antennarum: segelgyrdena, mæsta Hpt. Gl. 529[20].
dat. pl. malis: mæstum W W. 446[18]; item 535[2].

Composita: *mæst* als erstes glied von compositis.

> *mæst-cist, -e;* f. modius: die höhlung, in der der mastbaum steht.

Belege: modius: mæstcyst W W. 288[14]; item W W. 450[32].

> *mæst-lōn*(?) seilscheiben am top des mastes.

Belege: carceria sunt in cacumine arboris trocliae, quasi flicteria, per quas funes trahuntur: mæstlon W W. 199[30].

> *mæst-rāp -es;* m. rudens mali: masttau.

Belege: swa þa mæst-rapas men ne cuðon ne ða seglrode geseon meahton eorðbuende Exod. 82.

> *mæst-twist -es;* m. stag, tau zur unterstützung des mastes.

Belege: parastates: mæst-twist W W. 182[8]; id.: mæstwist W W. 288[16].

Etymologie: Ags. *mæst;* me. ne. *mast* = mnl. holl. *mast.* An. *mastr;* dän. schwed. *mast* und ahd. mhd. *mast* beruhen auf früher entlehnung.[1]) Aus dem germ. stammen ptg. *mastro* und *masto*, span. *mastil*, prov. *mast*, frz. *mât* (Diez, Et. Wb.[5]: 207); russ. *macta*, lit. *mãstas*. Lautlich und begrifflich entspricht dem germ. wort lat. *mâlus* für **mâdus* < **mazdo*-[2]) (cf. Kluge, K Zs. XXV:

---

[1]) die einheimischen wörter waren an. *sigla, siglutrê;* ahd. *segal-, segilpoum.*

[2]) Vgl. zur lautlichen entwicklung lat. *mīles* 'soldat': got. *mizdô* 'lohn',

313). Air. *maita, neuir. maide 'lignum, baculus' (von *mazdjo-) gehört ebenfalls hierher (cf. Fick, Et. Wb. II⁴: 203; Walde, Et. Wb. unter mâlus; Thurneysen, K Zs. XXXII: 570; Stokes, K Zs. XL: 243).

Fick, Et. Wb. III⁸: 237 betrachtet das -st in germ. *masta- als zum suffix gehörig, indem er eine ältere form *mahsta- ansetzt mit der wz. *mag, zu der dann auch lat. mâlus (für *maglus) und gr. μοχλός 'hebel, hebebaum' gehören würden, eine ansicht, die sonst nicht angenommen ist.

hūn.

Form: hūn.

Bedeutung: mastkopf; mastkorb.

Das simplex ist im ae. nicht belegt.

Compositum: hūn-þyrel, -es; n. die öffnung im mastkopf, durch welche das fall (der rahe) ging.

Belege: carceria (carchesia B.-T.): hunþyrlu W W. 288¹⁵.

Etymologie: Ae. hūn hat innerhalb des germ. eine entsprechung in dem gleichlautenden an. hûnn 'vierkantiges holzstück, würfel, mastkorb' dän. hūn 'äußerste noch mit der borke versehene planke eines rohholzes'. Ob afrz. hune aus dem skand. stammt und ob das ags. wort auch aus dem nord. entlehnt ist, läßt sich kaum ermitteln. (s. Kluge, Zs. f. d. wortf. VIII: 34).

Die grundbedeutung des wortes ist nach Falk-Torp, Et. Wb. I: 307 'klotz, beulenförmiger gegenstand'. Es gehört zur idg. wz. *çu 'schwellen' (s. Fick I: 44), wozu skrt. çû, cvâ 'schwellen', çíçu 'junges', gr. κυέω 'schwanger sein', κύος 'leibesfrucht', (cf. Prellwitz, Et. Wb.²), kymr. cwn 'höhe'. Hierzu eine form mit präfigiertem s: gr. σκύμνος 'tierjunges, kind'.

Zur entwicklung von ne. hound s. das N E D. V: 415.

segl.

Formen: segl, segel, -es; m. n.

Bedeutung: 1. velum: segel.

Belege: nom. sg. velum: segel W W. 167⁸; id.: segl ib. 182¹²; acateon: se mæsta ∾ W W. 182¹⁵; epidromo: se medemesta ∾ ib. 182¹⁶; dalum: se lesta ∾ ib. 182¹⁷; id.: lytel ∾ ib. 167⁹; artemon: ∾ ib. 350²⁰; velum: ∾ odde wahreft Aelfc. Gr. Gl. 302¹⁵; hic carbasus: ðes segl ib. 86⁸; þa wæs be mæste mere-hrægla sum, segl sale fæst B. 1906.

d at. sg. nefne he under segle yrne Gn. Ex. 186; snel under segle An. 505.

acc. sg. gif ðu ðines scipes segl ongean ðone wind tobrædest Bt. 16²⁹; fealdan ðæt segl ib. 144³⁰.

nom. pl. vela: seglu WW. 288²⁰; hæc carbasa: ðas seglu Aelfc. Gr. Gl. 86⁸; eowre seglas sendon geseted Shrn. 60¹¹.

2. bildlich von der wolkensäule gebraucht.

Belege: s. Exod. 105; ib. 81, ib. 89.

3. vorhang.

Belege: s. Cri. 1139.

4. flagge, banner.

Belege: s. WW. 435¹⁴; ib. 476¹⁹.

Composita: 1. *segl* als zweites glied eines compositums.

ofer-segl artemon: ein über dem marssegel angebrachtes kleineres segel, bramsegel.

Belege: artemon: obersegl WW. 7⁴.

2. *segl* als erstes glied von compositis.

segl-bōsm, *-es*; m. tumor veli, velum: das (im winde) geschwellte segel, das segel.

Belege: sg. carbasus: segl-bosm WW. 11⁴²; carbasus, tumor veli: ∼ ib. 199²²; carbasus: ∼ ib. 363¹⁴.

pl. carbasa: segl-bosmas WW. 515⁷; carbasa, vela navium: ∼ ib. 199²³.

segl-gerǣde, *es*; n. takelage.

Belege: he becwæð his laford his beste scip and þa segl-geræda þarto Dip. Angl. Th. 549¹⁸.

Cf. isl. *segl-reiði* 'takelage'.

segl-gird [-*gyrd*], *-es*; m.: *-e*; f.

1. antenna: segelstange, rahe.

Belege: nom. sg. antemna: segel-gyrd Aelfc. Gr. Gl. 302¹²; antem[p]na: ∼ WW. 312²; antenna vel temo: ∼ ib. 182²; antemna: ∼ ib. 288¹⁰; antemna: segl-gærd ib. 6¹.

gen. sg. cornua: þa twegen endas þære segl-gyrde WW. 182⁸; id.: segel-gyrde endas ib. 167⁸.

acc. pl. antemnas: segel-gyrdas WW. 535⁸.

gen. pl. antemnarum: segel-gyrda WW. 347¹; antemnarum: ∼ ib. 515⁸.

2. gekreuzte stange, an der ein banner befestigt ist (? s. *segl* 4).
Belege: s. WW. 493¹⁵.

segel-, *segl-gyrd* part. segelgegürtet (?).
Belege: s. Gn. C. 25.

segel-, *segl-rād*, *-e*, f. iter vel via veli: see.
Belege: s. B. 1429.

segel-, *segl-röd*, *-e;* f. antenna: segelstange.
Belege: ne da seglrode geseon meahton cordbuende Exod. 83.
Cf. ahd. *segal-ruota* 'antenna'.

Etymologie: Das urgerm. wort ergibt sich aus der gleichung: ae. *segel, segl;* me. *seil, seyl* (Chauc. C. T; Havelok); ne. *sail* = as. *segel,* mnd. *segel,* contr. *seil;* nnd. *segel;* mnl. *zeghel, zeil;* holl. *zeil;* ahd. *segal, segil, segel;* mhd. *segel,* selten *sigel;* nhd. *segel;* an. *segl;* dän. *seil,* schwed. *segel;* got. **sigla-* ist zufällig nicht belegt. Die germ. grundform ist **segla-* (Fick III³: 316).

Dazu gehören noch an. *sigla* 'mast', sowie die verbalen ableitungen ags. *seglian* (ne. *sail*) und *siglan;* an. und norw. vdial. *sigla* (dän. *seile,* schwed. *segla*); mnd. *segelen* (holl. *zeilen*); mhd. *segeln.*

Entsprechungen außerhalb des germ. sind nach Fick, vgl. Wb. I⁴: 560 ir. *séol,* kymr. *hwyl* 'segel'. Afrz. *sigle* in gleicher bedeutung, wozu *sigler* 'segeln', weisen auf deutsche herkunft (Diez, Et. Wb.⁵: 295), ebenso lit. *zėglas* und *zeglys,* poln. *zagiel* 'segel' (s. Hehn, Kulturpfl. und Haustiere⁶: 178).

Herkunft und bedeutung dieses alten gemeingerm. wortes sind dunkel und bisher noch nicht einwandfrei erklärt. Die von einigen¹) vermutete entlehnung aus lat. *sagulum* 'kriegsmantel'²) ist in sprachlicher und sachlicher beziehung mehr als unwahrscheinlich: das germ. wort setzt lautgesetzlich eine lat. grundform **seglo-* (**segulum*) voraus; lat. *sagulum* war außerdem kein nautischer

---

¹) Wackernagel, Kl. Schriften III: 307; O. Schrader, Sprachvergleichung und Urgeschichte: 483; Hehn, Kulturpflanzen und Haust.⁶: 178, anders jedoch daselbst: 186; Schrader, Handelsgesch und Warenkunde I: 50.

²) *sagum, sagulum* sind nach Fick, vgl. Wb. II⁴: 289 latinisierungen von kelt. *sagon, sagos, sagulon* 'kriegsgewand'.

ausdruck. Die andern (vgl. Strachan, Compensatory lengthening in Irish: 26) verbinden das wort mit der gemeinkelt. benennung des segels; ir. *seól*,[1]) kymr. *hwyl*, die Stokes, B B. XXIII: 62 indessen auf ein ursprüngliches *sjulâ: gr. ὑμήν, skrt. *syúman-* 'häutchen, riemen' zurückführt und gestützt auf eine nachricht Cäsars, De bell. Gall. III: 13[2]) als segel aus fellen deuten möchte.

Andere wieder (Much, Zs. fda. XXXVI: 50) führen germ. *segla auf vorgerm. *seglôm zurück und nehmen urverwandtschaft mit gr. ὅπλον aus *sóqlom* an. ὅπλον, das zu gr. ἕπομαι 'begleite, folge', lat. *sequor*, air. *sech-em* 'folge, befolge', (got. *saihw-a* 'sehe', eigentlich 'folge mit den augen'?) gehört, bedeutet ursprünglich 'das, was man mit sich führt und zu händen hat, die ausrüstung', dann besonders 'die kriegerische ausrüstung, die waffe', aber auch 'schiffsrüstzeug, takelwerk'.

Nach Fick, Vgl. Wb. I[4]: 560 gehört die germ. sippe zu *séghô* 'aushalten', auf das skrt. *sah*, *sáhate* (Uhlenbeck, Ai. Wb.: 332), gr. ἔχω, ἴσχω und das deutsche *sieg* zurückgehen.

Neuerdings hat Lidén, Stud. z. ai. u. vgl. Sprachgesch.: 24 dem germ. *segla-* die ursprüngliche bedeutung 'abgerissenes, zugeschnittenes stück zeug' zugeschrieben, eine bedeutungsentwicklung, die viele parallelen hat: **segla-* aus idg. *seklô würde hiernach zur wz. *sek 'schneiden', an. *segi*, *sigi*; aschwed. *saghi* 'abgeschnittenes stück, bissen' (urgerm. **segan-* **sagan-*), an. *sógr* 'losgerissenes stück, streifen' (urgerm. *sógi-*) etc. gehören. Wz. ist **sek-*, lat. *secāre*; zur seitenwz. **seg-* ließe sich dann wohl lat. *sagum*, *sagulum* 'viereckiges stück groben zeugs, decke (kriegsmantel)' mit einiger wahrscheinlichkeit stellen:[3])

---

[1]) Cf. Hehn, a. a. o.: 178, 186, der für air. *seól*, *sóol* unterdrückten gutturalen inlaut annimmt.

[2]) Caesar sagt hier bei der schilderung der Veneterschiffe: ... 'pelles pro velis alutaeque tenuiter confectae' ... Cf. auch Dio Cass. XXXIX: 41 und Strabo IV: 195.

[3]) Falk-Torp, die diese ansicht im wesentlichen acceptieren, ziehen zum vergleich noch air. *seche* 'haut', an. *sigg* 'harte haut' an und halten eine ähnliche grundbedeutung für das germ. wort nicht für ausgeschlossen. Tatsächlich sind, wie a. a. o. gezeigt, in der ältesten zeit häute als segel gebraucht worden. (cf. Et. Wb. II: 150). — Vgl. zum ganzen Schrader, Reallexikon.

sceata.

Form: sceata, -an; m.

Bedeutung: 1. die untere ecke des segels, an der die schote befestigt ist.
    2. angulus vorspringende ecke.
    3. sinus, gremium: schooß des gewandes und des leibes.
    4. kleid, tuch.

Belege zu 2, 3 und 4 s. bei B.-T.

Compositum: sceat-line, -an; f. das an der unteren segelecke befestigte tau, die schote.

Belege: propes: sceatline WW. 288^{24}; id.: sceacline ib. 182^{26} (c für t).

Etymologie: Das wort ist allen germ. sprachen gemeinsam: ags. sceata, sceat[1]) (ne. sheat); ahd. scôz, scôzo, scôza[2]); mhd. schôz; nhd. schoß, schooß; an. skaut; dän. skjöde, ält. dän. skód; got. skauts; mnl. schoot; holl. schoot; mnd. nnd. schôt; afr. skât.

Außerhalb des germ. stellt Zupitza, Die germ. Gutt.: 153 noch lat. cauda (aus scauda?) 'schwanz, schweif'[3]) lett. skaudre 'scharfe kante', skaudrs, lit. skudrus 'scharf' hierher.

Das thema germ. *skauta- gehört zum prät. des vb. ae. sceotan, ahd. sciozan, an. skjóta (got. *skiutan) und gehört demnach zur germ. wz. *skut 'schießen, vorstoßen, hervorspringen' (cf. Fick III^3: 337). Es bezeichnet also zunächst einen vorsprung oder ein etwas vorspringendes, eine vorspringende ecke, woraus dann die bedeutung von 'spitze, zipfel, rand, saum' hervorging. In der seemannssprache erfuhr das wort dann noch weitere begriffliche einengung, indem es die bezeichnung für die äußerste ecke des segels lieferte. Neuerdings wird der ausdruck auf die segelleine angewandt, die an der ecke des segels angebracht ist und im ae. richtiger sceat-line genannt wird.

Von sceata abgeleitet ist ae. scête, scýte 'tuch', ne. sheet (Kluge, Et. Wb.).

---

[1]) Die starke form sceat ist in der nautischen bedeutung nicht belegt.

[2]) dem ahd. scôz entspricht ags. sceat nach form u. bedeutung, dem ahd. scôzo vergleicht sich sceata (Grimm, D. Wb.: 1583).

[3]) doch vgl. dagegen Walde, Et. Wb.: 106.

Aus dem germ. stammen afrz. *escote*, span. *escota*, it. *scotta* (Diez, Et. Wb.⁵: 288).

stæg.

Form: *stæg, -es;* n.

Bedeutung: stag, stütztau eines mastes. (das wort begegnet in einer liste nautischer ausdrücke).

Belege: safo: stæg WW. 288²⁶.

Etymologie: Altes nordgerm. wort: ags. *stæg*, ne. *stay;* an. *stag*, dän. schwed. *stag;* ndd. *stag;* holl. *stag* (erst jünger). Aus dem germ. stammen frz. *étai*, span. *estay*, die Diez, Et. Wb.⁵: 578 irrtümlich auf mnl. *stede* = ags. *stede*, ahd. *stata* zurückführt.

Die vorauszusetzende germ. form **stago-* gehört zu einer skrt.-wz. *stak* 'widerstehen', eigentlich 'steif sein' und ist zweifellos zu lit. *stókas* 'pfahl' zu stellen. Eine seitenwz. ist *stag in ags. *staka*, ne. *stake* 'pfahl'.

Skeat, Et. Wb. nimmt zusammenhang von *stæg* mit ae. *stæger*, ne. *stair* zur germ. wz. *stig 'steigen, schreiten' an, während Heyne: 396 das wort unter die wz. *stâ 'stehen' (lat. *stâre*, got. *standan, stop, staps;* lit. *stóju stóti* etc. 'stehen') bringt. Beide ansichten sind nicht statthaft.

stæþ.

Form: *stæþ*(?).

Bedeutung: stag, stütztau für den mast. (Das wort begegnet ebenso wie *stæg* in einer liste nautischer ausdrücke).

Belege: safon: stæþ WW. 182²⁷.

Etymologie: Das wort ist nur einmal belegt. Falls es nicht etwa verschrieben ist für *stæg*, läßt es sich wohl am einfachsten unter die idg. wz. *sthâ 'stehen', germ. *sta ds. bringen, wobei *-þ* als ableitendes suffix zu betrachten wäre. Von *stæþ* abgeleitet ist wohl das ae. vb. *stæddan* 'feststehend machen, befestigen', mit dem wieder das in der gleichen bedeutung wie *stæþ* gebrauchte *steding-line* (cf. *stede*) zusammen zu bringen wäre (s. d.).

steding-līne.

Form: *steding-līne, -an;* f.

Bedeutung: stütztau eines mastes.

Belege: opisfera: stedingline WW. 288²⁷; id.: s[t]edingline ib. 182²⁹.

Etymologie: s. unter *stæþ*.

w æ d.

Formen: *wǣd, -e;* f. *wǣde, -es;* n.

Bedeutung: 1. segelstange?, rahe?, segel?

Belege: antemne: wæde W W., 5[44].

2. kleid, gewand, stoff.

Belege: s. B.-T. und Grein. Sprachschatz II: 642.

Compositum: *wǣde-rǣp, -es;* m. fall einer rahe.

Belege: antemnas: segel-gyrdas, wæderapa (wæderrap W W.): rudentum W W. II 97[80]; indisruptis rudentibus: untoslitenum wæderapum ib. 88[32] (cit. nach B.-T.).

[Vgl. ahd. *wāt-reif* rudens].

Etymologie: s. Stroebe, Die ae. Kleidernamen, Heidelberg 1904.

racca.

Form: *racca, -an;* m.

Bedeutung: tau, welches zur takelage gehört, rack.

Belege: anguina: racca W W. 288[29].

Das wort begegnet in einer liste für taue unter der überschrift 'de nave et partibus ejus'.

Etymologie: Das wort ist in den meisten germ. dialekten vertreten: ags. *racca;* an. *rakki,* dän. *rakke* oder *rak,* schwed. *rack;* ndd. holl. *rak,* ostfr. *rak.*

Verwandt ist ags. *racente, racete* f. 'kette, fessel', auch *racenteag,* an. *rekendi* n. und *rekendr* f. pl. in derselben bedeutung. Falk-Torp II: 90 nimmt ferner beziehungen an zu skrt. *raçanā* 'strick, riemen, zügel', *raçnú-* und *raçmán-* in gleicher bedeutung, was indessen lautlich nicht zu rechtfertigen ist. Eine seitenwz. ist **ric* in lit. *riszù* 'binden', eine andere **rig* in air. *ad-riug* 'binden', lat. *corrigia* 'schuhriemen', mhd. *ric* (gen. *rickes*) 'strick, band, geschlinge'.

Die frage nach dem ursprung der sippe ist noch nicht einwandfrei gelöst. Heyne: 312 erklärt das wort als begriffliche einengung von mnd. *rack* 'bequemlichkeit, anfügung', das zu mnd. *raken* 'treffen, passend machen, fügen' gehört, vergißt aber, daß wir es mit einem terminus zu tun haben, der bereits in altgerm. zeit in der nautik verwendung findet.

4. Das Ankergeschirr.
ancor; ancra.

Formen: *ancor, ancer, oncer,* gen. *ancres, oncres;* m.: *ancra, -an;* m.

Bedeutung: ancora: anker.

Belege: nom. acc. sg. anchora: ancer WW. 312[1]; anchora vel saburra: ancra ib. 167[7]; anchora: ancra Aelfc. Gr. Gl. 302[14]; ðin ancor is git on eordan fæst Bt. 23[b].

dat. sg. on ancre fæst B. 303; sæ-genga on ancre rad ib. 1883.

nom. acc. pl. þa ongunnon þa nydlingas and þa scypmen þa ancras upteon Bd. III, 15[1722]; þa ancras Bt. 23[10]; þa oncras ib. 23[14].

instr. pl. hwær we sælan sceolon sundhengestas, ealde yðmearas ancrum fæste Cri. 864; ceolas lcton ... ald yðhofu oncrum fæste on brime bidan El. 252.

Composita: *ancor* als erster bestandteil von compositis.

ancor-, ancer-man, -mann, -es; m. proreta: der mann, der den anker bedient.

Belege: proreta: ancerman WW. 182[9]; ib. 311[42]; proreta: ankerman ib. 539[86]; id.: ancorman ib. 166[7]; prora: þer þe ankermon sit WW. 539[87].

ancor-bend m. funis anchorarius.

Belege: sælde to sande sid-fæþme scip oncer-bendum fæst B. 1918.

ancor-, ancer-ráp,-es; m. funis anchorarius.

Belege: þonne gehydað heahstefn scipu to þam unlonde oncyrrapum, setlaþ sæmearas sundes æt ende Wal. 14.

ancor-, ancer-setl, -es; n. der platz für den anker, der bug des schiffes.

Belege: prora: ancersetl vel forscip WW. 166[14]; id.: ancersetl ib. 182[21]; ib. 289[19].

ancor-, ancer-streng, -es; m. ancorarius funis: ankertau.

Belege: scipes ancerstreng Solil. 22[4]; be ðam ancerstrengne (l.-strengel) ib. 28[17].

Etymologie: Das gr. wort ἄγκυρα ('der gekrümmte': ἀγκών 'bug') hat sich zusammen mit der sache durch ganz Europa verbreitet, wie lat. *ancora* — in die roman. sprachen außer frz. *ancre* ohne lautveränderung übergegangen —; ir. *ingor;* kymr. *angor;* korn. *ancar;* bret. *eor;* lit. *iñkaras,* selten *iñkoras, -o* (wahrscheinlich aus dem deutschen, cf. Kurschat); altslav. *ankira, ankura;* ags. *ancor,* ne. *anchor;* ahd. *anchar, ancher;* mhd. *anker* und *ankel;* mnl. nnl. *anker;* an. *akkeri;* dän. *anker,* im ält. dän. daneben noch *akkere;* schwed. *anker(e)* beweisen. Das wort, das die germ. küstenbewohner schon frühzeitig aus dem lat. übernahmen, ist bei diesen zuerst im ags. belegt, wo es bereits im Beowulfliede (entst. 700—730) verschiedentlich begegnet. Durch vermittelung des ndd. drang es dann ins spätahd., das als älteren einheimischen ausdruck das wort *senchil* m. und *sinchala* f. hatte. Vgl. Schrader, Reallexikon.

Bei der entlehnung ins germ. trat früh genuswechsel ein, indem bei Apokope des end-a das lat. wort sein weibliches aussehen verlor. Außer im an. und holl., wo es als neutrum gebraucht wird, trat es allgemein in die reihe der masculina über.

Die entwicklung von lat. *ancora* > ags. *ancor* ist im übrigen durchaus lautgesetzlich. Über den svarabhaktivocal nach eingetretener synkope s. Pogatscher, Lautl. § 275; Bülbring, Ae. Elementarb. §§ 443, 444. — Zu dem neben *ancor* auftretenden *ancra* stellt sich aisl. *akkeri*. Pogatscher, Lautl. § 280 glaubt, das *a* in *ancra* beruhe nur auf unveränderter übernahme der lat. endung.

Es liegt offenbar verwandtschaft der wortklasse mit idg. *onkos 'haken, wölbung' (wz. *onk); ved. *aňka* m., zend. *aka* n. 'haken'; gr. ὄγκος, ὄγκινος = lat. *uncus, uncinus, aduncus,* ags. *anga, ånga* 'spitze, pfeilspitze' vor. Dazu ferner ags. *ongel,* an. *ongull,* ahd. as. *angul* 'angel'. Cf. noch Walde, Et. Wb. unter *ancus*; Prellwitz, Wb. unter ὄγκος.

m æ r e l s.

Formen: *mærels, mārels, -es;* m.

Bedeutung: pronesium: tau zum festlegen eines schiffes.

Belege: pronesium: marels WW. 288[28].

Composita: 1. *mærels* als zweites glied eines compositums.

scip-*mærels* s. *mærels.*

Belege: tonsilla: scipmærls WW. 182[31].

2. *mærels* als erstes glied eines compositums.

mǣrels-rāp, -es; m. s. *mǣrels.*

Belege: pronesium: mærelsrap WW. 182[30].

Etymologie: Ae. *mǣrels* ist ohne zweifel ableitung von einem im ae. nicht belegten vb. **mǣran* (cf. Kluge, Stammbildung[2] § 98), das eine entsprechung hat in mnl. *mèren,* holl. *meren* 'vermooren, vertäuen, festlegen' (ein schiff), aus urgerm. **mairjan* einer parallelform zu **mairôjan.*[1]) Zu der letzteren gehören nc. *moor* (frühne. *more*) aus ae. **mārian* (sw. II.) und mnl. *mâren,* beide in der gleichen bedeutung wie holl. *meren.*

Das vb. hat seinen ursprung in einem sb., das im mnl. als *mère* 'grenzzeichen, grenze; pfahl, um etwas daran festzubinden' erscheint. Eine besondere bedeutung ist 'pfahl, um schiffe daran festzulegen'. Zweifellos gehört dies nl. sb. aufs engste zu ags. *gemǣre, mǣre* n. 'grenze, gebiet', auch in compositis wie *mǣrweg* 'grenzweg' vorkommend; dazu *fore-mǣra* 'der außerhalb der grenzen lebt'; engl. *mere* 'rain, grenze, grenzstein' (*to mere* 'begrenzen, grenzen ziehn'). Im an. ist dasselbe jo-neutr. nur im compositum *landa-mǣri* 'grenzland, landesgrenze' bezeugt. Außerhalb des germ. steht dieser wortsippe am nächsten lat. *mūrus,* altlat. *moiros* 'mauer' (cf. Franck, K Zs. XXXVII: 120 ff.; Walde, Et. Wb., unter *mūrus, moenia, munīre*).

bǣting.

Formen: *bǣting, bēting, -e;* f.

Bedeutung: funis: schiffstau.

Belege: acc. sg. hæt fealdan þæt segl and eac hwilum lecgan þone mæst, and lætan þa bætinge Bt. 144[31].

Etymologie: Eine participiale ableitung zu dem swvb. ags. *bǣtan* = an. *beita,* ahd. *beizen (beizzen),* das seinerseits wieder faktitivum zu ags. *bītan,* ahd. *bîzzan* ist und ursprünglich 'beißen machen', dann 'das gebiß, die zügel (den pferden) anlegen, sie aufzäumen' bedeutet. In die nautik übertragen bezeichnet es dann 'ein schiff (mit einem tau) befestigen'[2]). Das von *bǣtan*

---

[1]) Cf. wegen solcher doppelbildungen Grimm, Gr. I[2]: 878; Willmanns, D. Gr. II: 65 anm. u. 67 anm.; Schuldt, Die Bildung der schwachen Verba im Ae., Kiel 1905.

[2]) siehe z. b. Bt. 144[31].

abgeleitete substantivierte particip bezeichnet wohl zunächst die handlung des befestigens, dann aber auch die vorrichtung, d. h das schiffs- oder ankertau.

Anhang.

Poetische Ausdrücke (»kenningar« etc.)

ā c.

āc, ǣc, gen. *-e;* f. quercus; robor.

Das wort ist einmal belegt in der bedeutung »das eichene schiff«.

a c c. s g. garsecg fandaþ, hwæþer ac hæbbe æþele treowe Run. 25[4].

b ō s m.

bōsm m. sinus navis.

d a t. s g. on scipes (lides) bosme Gen. 1306, 1332, 1410; Aedelst. 27.

f æ ð m.

fædm, m. s. *bōsm*.

d a t. s g. on bates fædm An. 444.

[Cf. sid-fædmed scip B. 302 u. sid-fædme scip B. 1917].

s ǣ - g e n g a.

sǣ-genga, -an; m. maria permeans navis: seegänger, seeschiff.

n o m. s g. sæ-genga bad agend-fregan, se de on ancre rad B. 1882; sæ-genga for ... forð ofer yde ib. 1908.

h ĕ a l s.

hĕals, hals m. prora navis (nur in compositis).

fāmig-hĕals adj. spumosus in collo.

s. B. 1909; An. 497; B. 218.

wunden-hĕals adj. torta prora habens.

s. B. 298.

[Cf. isl. *hâls*: prora navis].

b r i m - h e n g e s t.

brim-hengest, -es; m. equus marinus i. e. navis.

n o m. a c c. s g. hi brim-hengest bringeđ to lande Run. 16;
se brimhengest bridles ne gymeđ ib. 21.

i n s t r. p l. we on sælade . . . brecađ ofer bædweg brim-
hengestum An. 513.

[Cf. an. *brimdȳr*].

faroþ-hengest.

faroþ, fëaroþ-hengest, -es; m. marinus equus, navis: meerhengst,
schiff.

n o m. p l. fearođ-hengestas ymb geofenes stæđ gearwe stodon
El. 226.

mere-hengest.

mere-hengest, -es; m. s. *faroþ-hengest.*

n o m. s g. mere-hengest feređ ofer flodas frætwum beorhtne
Rä. 15⁶.

g e n. p l. mere-hengesta Met. 26²⁵.

sǣ-hengest.

sǣ-hengest, -es; m. s. *farođ-hengest.*

d a t. s g. hu đu wægflotan . . . sæ-hengeste sund wisige
An. 488.

sund-hengest.

sund-hengest, -es; m. s. *farođ-hengest.*

a c c. p l. hwær we sælan sceolon sund-hengestas Cri. 863.

wǣg-hengest.

wǣg-hengest, -es; s. *farođ-hengest.*

a c c. s g. he bat gestag, wæg-hengest wræc Gu. 1303.

a c c. p l. gehlodon hildesercum, bordum ond ordum . . . wæg-
hengestas El. 236.

[Cf. isl. *vâg-marr* navis].

ȳđ-hengest.

ȳđ-hengest, -es; m. wogenhengst i. e. schiff.

a c c. p l. þær he wiste his yđ-hengestas Chr. E. 1003.

[Cf. aisl. *unnar-hestr*].

ȳþ-hof.

ȳþ-hof, -es; n. domus marina, navis: wogenhof, schiff.

a c c. s g. ongan ofostlice [yđ-]hof wyrcan, micle merecieste
Gen. 1316.

a c c. p l. ceolas leton æt sæfearođe . . ., ald yđ-hofu oncrum
fæste on brime bidan beorna geþinges El. 252.

mere-hrægel.
mere-hrægel, -hrægl n. pallium marinum, velum.
gen. pl. þa wæs be mæste mere-hrægla sum, segl sale fæst B. 1905.

gĕofon-hūs.
gĕofon-hus, -es; n. domus marina, navis.
gen. pl. geofon-husa mæst Gen. 1321.

mere-hūs.
mere-hus n. domus marinus, navis (arca Noae).
acc. sg. scip, mere-hus micel Gen. 1303.
gen. sg. merehuses muđ Gen. 1364.

ȳđ-lida.
ȳđ-lida, -an; m. wogengänger, schiff.
acc. sg. het him yđ-lidan godne gegyrwan B. 198.

lagu-mĕarh.
lagu-mĕarh, -mĕarg m. equus maritimus, navis.
nom. sg. lagu-mearg snyrede gehlæsted to hyđe Gu. 1306.
[Vgl. ais. *log-dȳr, -fâkr*].

sǣ-mĕarh.
sǣ-mĕarh m. equus marinus i. e. navis: seeroß, schiff.
nom. sg. us mid flode bær ... snellic sæ-mearh sunde bewunden An. 267.
acc. sg. þær meahte gesion, se đone siđ beheold, brecan ofer bædweg brimwudu snyrgan under swellingum, sæ-mearh plegan An. 245.
nom. acc. pl. fearođhengestas ymb geofenes stæđ gearwe stodon, sælde sæ-mearas sunde getenge El. 228; setlaþ sæ-mearas sundes æt ende Wal. 15.

ȳþ-mĕarh.
ȳþ-mĕarh m. equus marinus, navis.
acc. pl. se þe bisenceđ sæliþende eorlas and yđ-mearas Wal. 49; hwær we sælan sceolon sundhengestas, ealde yđ-mearas ancrum fæste Cri. 864.

scrād.
scrād navis (vgl. aisl. *skreid* ...).
scrīđend (scrifen Grein) scrād glād þurh gescād in brād, wæs on lagustreame lād Reim. 13.

brim-þyssa.

brim-þyssa, -an; m. [zu aisl. *þysja* 'stürzen'] meerdurchtoser, schiff.

d a t. s g. on brim-þis[s]an An. 1699.

a c c. s g. brimþis[s]an æt sæs faroþe secan wolde An. 1657.

a c c. p l. leton þa ofer fifelwæg famge scriđan, bronte brim-þis[s]an El. 238.

mere-þyssa.

mere-þyssa, -an; m. meerdurchrauscher, schiff.

d a t. s g. on mere-þissan An. 257; on mere-þyssan ib. 446.

wæter-þyssa.

wæter-þyssa, -an; m. wasserdurchrauscher.

1. navis.

n o m. s g. wæter-þis[s]a for snel under sorgum Gu. 1303.

2. balaena s. Wal. 50.

brim-wudu.

brim-wudu; m. lignum marinum i. e. navis.

n o m. a c c. s g. brim-wudu scynde leoht lade fus Gu. 1305; þær meahte gesion, se đone siđ beheold, brecan ofer bædweg brimwudu snyrgan under swellingum El. 244.

sæ-wudu.

sǣ-wudu m. lignum maritimum i. e. navis.

a c c. s g. Wedra leode on wang stigon, sæ-wudu sældon B. 226.

sund-wudu.

sund-wudu m. s. *brim-wudu.*

n o m. a c c. s g. sum mæg fromlice ofer sealtne sæ sund-wudu drifan Cri. 677; XVna sum sund-wudu sohte B. 208; sund-wudu þunede ib. 1906.